頭に
メモリ

寝る前**5**分
暗記ブック

高校歴史総合

Gakken

もくじ

★第1章　近代国家

★第2章　明治維新

★第3章　第一次世界大戦

★第4章　第二次世界大戦

この本の特長と使い方

★ この本の特長

暗記に最も適した時間「寝る前」で，効率よく暗記！

この本は，「寝る前の暗記が記憶の定着をうながす」というメソッドをもとにして，歴史総合の重要なところだけを集めた参考書です。

暗記に最適な時間を上手に活用して，歴史総合の重要ポイントを効率よくおぼえましょう。

★ この本の使い方

この本は，1項目2ページの構成になっていて，5分間で手軽に読めるようにまとめてあります。赤フィルターを使って，赤文字の要点をチェックしてみましょう。

① 1ページ目の「今夜おぼえること」では，その項目の重要ポイントを，ゴロ合わせや図解でわかりやすくまとめてあります。

② 2ページ目の「今夜のおさらい」では，1ページ目の内容をやさしい文章でくわしく説明しています。読み終えたら，「寝る前にもう一度」で重要ポイントをもう一度確認しましょう。

近世までの日本の歴史

弥生	古墳		奈良	平安	鎌倉
		飛鳥			

5 7	2 3 9	6 世紀	5 9 3	6 0 7	6 4 5	6 7 0	7 0 1	7 1 0	7 9 4	8 9 4	1 1 6 7	1 1 9 2	1 2 2 1	1 2 7 4	1 2 8 1

倭の奴国の王、後漢より金印を授かる ❶

邪馬台国の卑弥呼、魏に使いを送る

百済より仏教伝来

聖徳太子（厩戸王）、摂政となる ❷

遣隋使として小野妹子を派遣する

大化の改新が始まる

天智天皇が庚午年籍を作成する

大宝律令完成

平城京に遷都

平安京に遷都

遣唐使を停止する

平清盛、太政大臣就任

源頼朝、征夷大将軍就任

承久の乱

文永の役

弘安の役

藤原氏による摂関政治

◎稲作が広まる

元寇 ❸

❶金印

（福岡市博物館所蔵　画像提供：福岡市博物館/DNPartcom）

❷法隆寺

（学研写真資料）

❸元寇（文永の役）

（ColBase）

6

南北朝				室町						戦国				安土桃山		江戸
1334	1336	1338	1392	1404	1428	1429	1467	1485	1488	1543	1549	1575	1582	1588	1600	1603

- **1334** 建武の新政
- **1336** 南北朝分立
- **1338** 足利尊氏、征夷大将軍就任
- **1392** 足利義満、南北朝合一 ④
- **1404** 日明貿易（勘合貿易）が始まる
- **1428** 正長の土一揆
- **1429** 尚巴志、琉球王国建国 ⑤
- **1467** 応仁の乱が始まる
- **1485** 山城の国一揆
- **1488** 加賀の一向一揆
- **1543** 鉄砲伝来
- **1549** ザビエルによりキリスト教伝来
- **1575** 長篠合戦で織田信長・徳川家康軍勝利 ⑥
- **1582** 豊臣秀吉による太閤検地
- **1588** 豊臣秀吉による刀狩令
- **1600** 関ヶ原の戦い
- **1603** 徳川家康、征夷大将軍就任

❹足利義満

イラスト／綿引康裕

❻長篠合戦

❺琉球王国の首里城の守礼門

（徳川美術館所蔵 ©徳川美術館イメージアーカイブ／DNPartcom）

（ピクスタ）

近世までの東アジアの歴史

前6000頃	黄河流域で農耕
前17〜16世紀頃	殷成立
前11世紀頃	周が殷を滅ぼす
前770	春秋・戦国時代始まる（〜前221）
前221	秦が中国を統一 ①
前202	前漢が成立（〜後8）
25	後漢が成立（〜220）
220	魏・呉・蜀の三国時代始まる（〜280）
304	五胡十六国時代始まる（〜439）
439	北魏が華北を統一し、南北朝時代始まる（〜589） ②
589	隋が陳を滅ぼし中国統一 ③
618	唐が成立（〜907） ③
676	新羅が朝鮮半島統一
755	安史の乱おこる（〜763）
907	唐が滅び、五代十国時代始まる（〜979）

❶秦の始皇帝の墓（兵馬俑）

（ピクスタ）

❷南北朝時代（5世紀）

敦煌　北魏（北朝）　雲崗　平城　洛陽　長安　竜門　建康　宋（南朝）　長江

❸隋と唐の領域

西突厥　東突厥　新羅　洛陽　長安　揚州　杭州　太平洋　アラビア海　カスピ海

―― 隋の最大領域（610年ごろ）
―― 隋の大運河
□ 唐の最大領域（670年ごろ）

④12世紀頃の東アジア

⑥清の領域

⑤モンゴル帝国の最大領域

918	朝鮮に高麗が成立（～1392）
960	宋（北宋）が成立（～1127）
1127	江南に南宋成立（～1276）④
1206	チンギス・ハンによりモンゴル帝国成立
1271	フビライが元を建てる（～1368）⑤
1368	朱元璋が明を建てる（～1644）
1392	李成桂が朝鮮を建てる（～1910）
1405	鄭和の南海遠征始まる（～1433） ◎モンゴルや倭寇が中国に進出
1557頃	ポルトガルがマカオの居住権を獲得
1616	ヌルハチが後金（のちの清）を建てる（～1912）
1644	李自成が明を滅ぼすも、清が中国に進出
1661	康熙帝が即位（～1722）
1683	清が台湾を征服
1689	ネルチンスク条約でロシアと清の国境画定 ⑥

近世までの南アジア・東南アジアの歴史

※◎は東南アジアのできごと

前2600頃	インダス文明 ❶
前317頃	マウリヤ朝成立（〜前180頃）❷ ◎バラモン教が成立 ◎仏教が成立
1世紀頃	ガンダーラ美術が発達 ❷
1世紀頃	メコン川下流域に扶南成立（〜7世紀）
320頃	グプタ朝成立（〜550頃）
4〜5世紀	ヒンドゥー教が社会に定着
7世紀	スマトラ島にシュリーヴィジャヤ王国成立（〜14世紀頃）❸
8〜9世紀	ジャワ島に仏教寺院のボロブドゥール建立 ❸
1009	◎ベトナムに李朝大越国成立（〜1225）
1044	◎ビルマのエーヤワディー川中流域にパガン朝成立（〜1299）

❷ガンダーラ美術

(Cynet Photo)

❶インダス文明の範囲

＜地図ラベル＞
カイバル峠　チベット高原
モヘンジョ＝ダロ　パンジャーブ　ヒマラヤ山脈
ハラッパー
インダス川
デカン高原
インダス文字
■ インダス文明

❸7〜9世紀の東南アジアの様子

＜地図ラベル＞
オケオ　カンボジア
マラッカ海峡　南シナ海　ミンダナオ島
マレー半島
カリマンタン島（ボルネオ）
シュリーヴィジャヤ王国（室利仏逝）
パレンバン　スラウェシ島（セレベス島）
インド洋　ジャワ島
■ 9世紀末頃のシュリーヴィジャヤ王国の勢力範囲
ボロブドゥール建立（8〜9世紀）

17世紀中頃	タージ゠マハル完成 ⑥
17世紀	東南アジア各地に日本町形成
1526	ムガル帝国成立（～1858）⑤
1498	ヴァスコ゠ダ゠ガマがカリカットに到達
14世紀末	マレー半島にマラッカ王国成立（～1511）
1351	タイにアユタヤ朝成立（～1767）
1293	ジャワ島にマジャパヒト王国成立（～1520頃）
13世紀	タイのチャオプラヤ川下流域にスコータイ朝成立（～15世紀）
1206	イスラーム王朝のデリー゠スルタン朝成立（～1526）
12世紀	カンボジアにアンコール朝がアンコール゠ワットを建立 ④

④アンコール゠ワット

（ピクスタ）

⑥タージ゠マハル

（ピクスタ）

サファヴィー朝　チベット　デリー　ネパール　カルカッタ　インダス川　ガンジス川　アラビア海　ゴア　カリカット

■アウラングゼーブ時代の最大領域

0　600km

⑤ムガル帝国
ムガル帝国はバーブルが
建国し，アウラングゼー
ブの頃に最大領域。

11

近世までの西アジア・北アフリカの歴史

前3000頃	エジプト文明・メソポタミア文明 ❶
前19世紀初め	バビロン第1王朝成立（〜前16世紀初め）
前7世紀前半	アッシリアが初めてオリエントを統一（〜前612）
前586	ヘブライ人たちがバビロンに捕囚される（〜前538）
前550	アケメネス朝ペルシア成立（〜前330）
前4世紀後半	アレクサンドロス大王による攻撃を受ける（ヘレニズム時代の始まり）
前330	ヘレニズム時代終わる
前4頃	イエス生誕↓後1世紀　キリスト教の成立
224	ササン朝ペルシア成立（〜651）
610頃	ムハンマドによりイスラーム成立 ❷
661	ウマイヤ朝成立（〜750）

❶エジプト文明・メソポタミア文明

（地図内）地中海／ロゼッタ／メンフィス○○ギザ／ナイル川／エジプト文明／ユーフラテス川／チグリス川／ウルク○○ウル／シュメール人の都市国家／カスピ海／ペルシア湾／紅海

エジプト古王国
前27〜前22世紀

❷イスラーム勢力の広がり

（地図内）コルドバ／グラナダ○○チュニス○○／サハラ砂漠／アレクサンドリア○／○ダマスクス○バグダード／○イェルサレム／○メディナ／○メッカ／アラビア半島／中央アジア／アラビア海

□ 632年（ムハンマドの死）まで
□ 750年（ウマイヤ朝滅亡）まで

1520 オスマン帝国でスレイマン1世が即位し最盛期に（～1566）④

1501 イランにサファヴィー朝が成立（～1736）

1453 オスマン帝国がビザンツ（東ローマ）帝国を滅ぼす

1370 中央アジアにティムール朝が成立（～1507）

1300頃 アナトリアにオスマン帝国が成立（～1922）

1258 西アジアでアッバース朝滅亡、イル＝ハン国が成立（～1270）

1096 十字軍の攻撃を受ける（～1270）

1055 セルジューク朝のトゥグリル＝ベクがスルタンに

1038 セルジューク朝成立（～1194）❸

909 北アフリカにファーティマ朝成立（～1171）

750 アッバース朝成立（～1258）

❸11世紀の
イスラーム世界

❹スレイマン＝モスク
オスマン帝国のスレイマン1世が1557年に建造。

（ピクスタ）

近世までのヨーロッパの歴史

前2000頃	クレタ文明（〜前1400頃）①
前1600頃	ミケーネ文明（〜前1200頃）
前8世紀	ギリシア各地にポリス成立
	⑩イタリア半島中部に都市
	国家ローマ成立
前6世紀末	ローマで共和政開始
前500	ペルシア戦争（〜前449）
前334	アレクサンドロス大王の東方
	遠征（〜前324）②
前27	ローマで帝政開始
1世紀末	五賢帝時代（〜180）
375頃	ゲルマン人の大移動開始
392	キリスト教がローマ帝国の国教に
395	ローマ帝国が東西分裂③
476	西ローマ帝国滅亡
481	フランク王国成立
732	トゥール・ポワティエ間の戦い
	ガリア（フランス）北部にフ

①クレタ文明・ミケーネ文明とおもなポリス

○トロイア
○アテネ
ミケーネ○　○ミケーネ文明
○スパルタ
0　200km
クノッソス○
クレタ島　クレタ文明

②アウグストゥス像

(Cynet Photo)

③ローマ帝国の領域

ポエニ戦争開始ごろの領域
紀元14年までに獲得した領域
トラヤヌス帝時代の最大領域

ローマ　カンネー　ビザンティウム
アクティウム
カルタゴ　　アテネ
ザマ
アレクサンドリア　イェルサレム
395年の東西分裂線

14

1488	ポルトガルが喜望峰に到達 ⑥
15世紀	ロシアでモスクワ大公国が自立
1453	ビザンツ(東ローマ)帝国滅亡
14世紀中頃	ヨーロッパ全域で黒死病(ペスト)の大流行 ⑤
1339	百年戦争(～1453)
1215	イギリスでマグナ=カルタ制定
13世紀初め	教皇権の絶頂期
1096	第1回十字軍(～1099)
1054	キリスト教会がローマ=カトリックとギリシア正教会に分裂
962	神聖ローマ帝国成立(～1806)
9世紀	ノルマン人の侵入(～10世紀頃)
870	メルセン条約でフランク王国が分裂
800	カール大帝の戴冠 ④
756	イベリア半島に後ウマイヤ朝成立(～1031)

④カール大帝の戴冠

⑤「死の舞踏」

「死は身分などに関係なく平等にやってくる」という意味で描かれた。

(Cynet Photo)

⑥大航海時代

スペイン→ ←ポルトガル ←ポルトガル スペイン→
勢力圏 勢力圏 勢力圏 勢力圏

ポルトガル
スペイン
リスボン
パロス
マカオ
ゴア マラッカ
カリカット
喜望峰

コロンブス 西インド諸島に到達

スペインとその植民地
ポルトガルとその植民地

ヴァスコ=ダ=ガマ インド航路開拓

マゼランの船隊 世界周航

1492	1517	1534	1545	1562	1581	1588	1618	1640	1643	1648	1652	1688

1688 イギリスで名誉革命
↓ 1689　権利の章典発布

1652 イギリス＝オランダ戦争（〜1674）

1648 ウェストファリア条約締結

1643 ルイ14世の治世（〜1715）❾

1640 ピューリタン革命（〜1660）

1618 三十年戦争（〜1648）

1588 スペインの無敵艦隊がイギリスに敗れる

1581 オランダがスペインから独立を宣言

1562 ユグノー戦争（〜1598）

1545 トリエント公会議（〜1563）で対抗宗教改革

1534 イギリス国教会成立

1517 ルターが『95カ条の論題』を発表（宗教改革開始）❼

1492 スペインがレコンキスタを完了

❼ルター

❾ルイ14世（フランス）
朕は国家なり。

❽16世紀半ばのヨーロッパ

近世までの南北アメリカの歴史

前1200頃	前1000頃	4世紀頃	14～15世紀	1492	1500	1521	1533	1607	1620	1626頃	1682
中央アメリカにメソアメリカ文明	アンデス山脈北部にアンデス文明	マヤ文明の繁栄（～9世紀）	南米でインカ帝国、メキシコでアステカ王国が成立❶	コロンブスが西インド諸島に到達	ポルトガルのカブラルがブラジルに漂着	スペインのコルテスがアステカ王国を征服	スペインのピサロがインカ帝国を征服	イギリスがヴァージニア植民地建設	ピルグリム=ファーザーズが北米に渡る	オランダがニューアムステルダムを建設	フランスがミシシッピ川流域にルイジアナ建設❷

❶アステカ王国・インカ帝国

❶インカ帝国の遺跡，マチュ=ピチュ

（ピクスタ）

❷1713年の北アメリカ
中米をスペイン，東海岸をイギリス，ルイジアナなどをフランスが支配した。

ここからは，近・現代の
日本と世界の歴史を
見ていこう。

近代国家

★ 今夜おぼえること

✿商品作物栽培から，問屋制家内工業や海運が発達

　江戸時代になると新田開発や治水工事がさかんに行われました。また農具や農法の改良がすすんで農地に余裕が出てきたことや，貨幣経済が広まったことで，綿花や紅花など販売を目的とする商品作物の栽培もさかんになりました。

綿花

紅花

☽江戸・大坂・京都，三都の繁栄，大坂は「天下の台所」

　大坂は全国の物資の集散地として栄えました。蔵屋敷が建ち並び，年貢米や特産物が保管・売買され，江戸へ運ばれました。

▶蔵屋敷

19

✿ 江戸時代後半の農村では、商人（問屋）が原料や道具などを農民に前貸しして商品を生産させる問屋制家内工業が発達しました。これにより、各地で絹織物や綿織物などの特産品が生まれ、それらは水上交通で大坂に運ばれ、売買されました。

——西廻り航路
——東廻り航路
----菱垣廻船・樽廻船の航路

日本海

京都 江戸
大坂

太平洋

▲江戸時代のおもな航路

☽ 17世紀末ごろから三都が栄えました。三都とは、幕府が置かれ政治の中心となった江戸、全国から年貢米や特産品が集まり経済の中心となった大坂、朝廷や多く寺社があり伝統的権威の中心であった京都のことです。

人口100万人を超える大都市！

江戸

京都

大坂

💤 寝る前にもう一度

✿ 商品作物栽培から、問屋制家内工業や海運が発達

☽ 江戸・大坂・京都、三都の繁栄、大坂は「天下の台所」

★ 今夜おぼえること

✪長崎・対馬藩・薩摩藩・松前藩は「四つの窓口」

1637年に九州でキリスト教徒の農民による島原の乱がおこると，江戸幕府は1639年にポルトガル船の来航を禁止し，長崎でオランダと中国の商船のみ来航を認めました。

▲長崎の出島

☽ロシアが接近するも拒否し，異国船打払令

18世紀，ロシアやヨーロッパ諸国は中国との交易をおもな目的に東アジアに進出しました。日本にも通商を求めて接近してきました。

✿江戸幕府は当初，ヨーロッパやアジアの国々と交易を行っていました。しかし，島原の乱後はキリスト教を警戒するようになり，幕府の管理のもと，長崎・対馬藩・薩摩藩・松前藩の「四つの窓口」を通じて中国，オランダ，朝鮮，琉球王国，アイヌに限って交易を行うようになりました。

▲江戸時代の「四つの窓口」

☽18世紀末から蝦夷地周辺にロシア船があらわれるようになりました。1792年にラクスマンが根室，1804年にはレザノフが長崎に来航し通商を求めましたが，幕府は断りました。さらにイギリスやアメリカの船が次々に日本近海にあらわれたため，1825年に幕府はオランダ船以外の欧米の船を打ち払う異国船打払令を出しました。

ロシアは毛皮を求めて蝦夷地に進出していたんだ。

💤寝る前にもう一度

✿長崎・対馬藩・薩摩藩・松前藩は「四つの窓口」

☽ロシアが接近するも拒否し，異国船打払令

近代国家

★ 今夜おぼえること

☆☆ 清朝は康熙帝〜乾隆帝で最盛期，朝鮮やベトナムから朝貢

中国には17世紀に満州人によって清が成立しました。清朝は17世紀後半〜18世紀後半の康熙帝・雍正帝・乾隆帝の３代が最盛期で，この時期にロシアとの国境を定めました。

雍正帝　康熙帝　乾隆帝　領土最大!

☽ 外国商人の来航→銀の流入・産業の発展・新作物の普及で人口増加

ヨーロッパ商人などとの貿易により，清には茶や生糸などの対価として銀が大量に流入し，国内産業が発展しました。

銀　生糸　茶

辮髪

❀清は明の官僚制や科挙などの政治制度を継承する一方、男性には満洲人の慣習である辮髪を強制しました。また、朝鮮やベトナムなどの周辺国に対しては、中国の皇帝に貢物を持参させる朝貢をさせました。

☽外国との貿易がさかんだった清では、乾隆帝のときに貿易港を広州に限定しましたが、貿易額はその後も増加しました。18世紀には、政治が安

▲清の領域

定して人口が急増し、東南アジアへ移住する者（華僑・華人）もあらわれました。

😴 寝る前にもう一度

❀清朝は康熙帝～乾隆帝で最盛期、朝鮮やベトナムから朝貢
☽外国商人の来航→銀の流入・産業の発展・新作物の普及で人口増加

24

4. アジア域内貿易とヨーロッパ

★ 今夜おぼえること

☆オスマン帝国は西欧諸国に通商活動を認め，ムガル帝国は綿織物を輸出

16世紀には西アジアからインドにかけて3つのイスラーム帝国（オスマン帝国・サファヴィー朝・ムガル帝国）が発展しました。インドのムガル帝国は，ヨーロッパや東南アジアへの綿織物の輸出で栄えました。

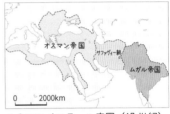

▲3つのイスラーム帝国（17世紀）

◗大西洋では三角貿易，アジアでは英・蘭が東インド会社設立

18世紀，ヨーロッパの雑貨や武器をアフリカ西部に輸出し，アフリカからは黒人奴隷をアメリカ大陸や西インド諸島に送り，そこで生産された砂糖・たばこ・コーヒーなどをヨーロッパに運ぶという 大西洋三角貿易 が行われました。

▲大西洋三角貿易

近代国家

25

😺 オスマン帝国は，イスラーム教を統治の柱としながらも，異教徒（キリスト教など）には ミッレト （宗教共同体）ごとに自治を認めていました。また，フランスやイギリスなどには通商の自由を認めました（カピチュレーション）。ムガル帝国もヒンドゥー教徒との融和をはかりましたが，18世紀になると中央集権が崩れ始めました。

イランのサファヴィー朝はイスファハーンを中心に栄え，シーア派を国教としていたよ。

🌙 アジアでは，鎖国中の日本とも交易していたオランダ 東インド会社 が，ジャワ島のバタヴィアを拠点として貿易を進めました。タイのアユタヤ朝やフィリピンのマニラも貿易によって栄えました。

アチェ
ブルネイ
マラッカ
ジョホール
カリマンタン島
（ボルネオ）
赤道
スマトラ島
バンテン
バタヴィア
ジャワ島
マタラム
交易ルート
0   500km

▲アジア域内貿易

💤 寝る前にもう一度

😺 オスマン帝国は西欧諸国に通商活動を認め，ムガル帝国は綿織物を輸出

🌙 大西洋では三角貿易，アジアでは英・蘭が東インド会社設立

近代国家

★ 今夜おぼえること

❀国王の専制に議会が反発

→議会派勝利で共和政へ

　イギリスでは，17世紀に
王が相次いで議会を無視し
た政治を行ったことで，議
会が反発し，内戦が始まり
ました。これにクロムウェ
ル率いる議会派が勝利し，
共和政を成立させました
（ピューリタン革命）。

議会の同意なき課税や
不当逮捕をするな！

☾復古王政でも国王が専制→

名誉革命で立憲君主政に

　クロムウェルの死後，
王政が復活し，再び国王
が専制を行ったため，
1689年，議会はオランダ
から招いた夫妻を王位に
つけました（名誉革命）。

血を流さな
かったので
名誉革命と
呼ぶよ。

🌑 1642年に ピューリタン革命 が始まりました。王党派と議会派の内戦は議会派が勝利し，1649年，国王が処刑され 共和政 が始まりました。しかし，指導者となった クロムウェル は独裁を行いました。

ここでの共和政は，「君主（国王）がいない政治体制」をさすよ。

🌙 名誉革命で王位についた夫妻は議会の要求に応じて 権利の章典 を制定しました。国王と議会が共同で統治することを定めた，この権利の章典をもとに立憲君主政が

権利の章典
1.王の権限によって，議会の同意なく，法を停止できると主張する権力は，違法である。
4.国王大権と称して，議会の承認なく，王の使用のために税金を課することは，違法である。
8.議員の選挙は自由でなければならない。

確立しました。やがて内閣が国王ではなく議会に対して責任を負う議院内閣制が確立され，その後の日本をふくむ近代国家の政治モデルとなりました。

💤 寝る前にもう一度

🌑 国王の専制に議会が反発→議会派勝利で共和政へ
🌙 復古王政でも国王が専制→名誉革命で立憲君主政に

近代国家

★ 今夜おぼえること

✪ 18世紀，イギリスで綿工業から産業革命→蒸気機関（じょうききかん）普及で交通革命

　工業化による社会や経済の大きな変化を産業革命といいます。18世紀後半にイギリスで始まりました。

蒸気機関車

力織機（りきしょっき）

☾ 産業革命は世界へ波及し，資本主義経済が発達→社会問題が発生

　産業革命によって大工場を経営する資本家があらわれ，資本主義経済が発達しました。同時に，社会問題も発生し，これを解決しようとする社会主義思想が誕生しました。

😺 18世紀のイギリスでは、新しい農法や農機具の改良による**農業革命**がおきました。さらに、（綿工業）の分野で（蒸気機関）を用いた新たな機械の発明が続きました。

織工業	ジョン゠ケイ アークライト カートライト	飛び杼 水力紡績機 力織機
動力	ワット	蒸気機関の改良
交通	スティーヴンソン	蒸気機関車

これが交通機関にも利用され、19世紀には（蒸気機関車）の実用化にも成功しました。

🌙 産業革命が進むと、生産手段をもつ（資本家）が、労働者を雇って生産を行う（資本主義）経済が広まりました。その結果、貧富の差が拡大し、人口が集中した都市では公害や衛生問題などの社会問題が深刻になりました。こうした中で、労働運動や社会主義思想があらわれました。

女性や子どもも安い賃金で働かされていたよ。

😺 18世紀、イギリスで綿工業から産業革命→蒸気機関普及で交通革命

🌙 産業革命は世界へ波及し、資本主義経済が発達→社会問題が発生

近代国家

★ 今夜おぼえること

❀イギリス議会が印紙法や茶法を制定，植民地側はボストン茶会事件で抵抗

イギリスは本国の財政難の解消のため植民地への課税を強め，印刷物に印紙を貼ることを義務づけました（印紙法）。しかし，植民地側が強く反発したため，翌年印紙法は撤回されました。

代表なくして課税なし

☽独立戦争に勝利しアメリカ合衆国が誕生→三権分立の合衆国憲法

1775年，独立戦争が始まると，植民地側はワシントンを総司令官にしました。翌年には独立宣言を発表し，フランスなどが支援したこともあり，植民地側が勝利しました。

のちに「建国の父」と呼ばれるぞ。

ワシントン

31

✿イギリス政府は、東インド会社に北アメリカ植民地での茶の独占販売を認めました（茶法）。これ

茶箱を海に投げ込んでいるよ。

に抗議する植民地の人々が東インド会社の船から茶を強奪して廃棄する，ボストン茶会事件がおきました。

☽独立戦争中，抵抗権を主張したロックの思想をもとに独立宣言がつくられました。独立後，

> **独立宣言**
>
> すべての人は平等につくられ…ゆずることのできない権利を与えられ…正当な権力は被支配者の同意に基づき…新たな政府を組織する権利を有する。

人民主権を主張したルソーの思想や三権分立を主張したモンテスキューの思想を受けて合衆国憲法が定められ，連邦政府が成立するとワシントンが初代大統領となりました。

💤 寝る前にもう一度

✿イギリス議会が印紙法や茶法を制定，植民地側はボストン茶会事件で抵抗

☽独立戦争に勝利しアメリカ合衆国が誕生→三権分立の合衆国憲法

近代国家

★ 今夜おぼえること

✿ (ゴロ合わせ) 非難爆発フランス革命→国民
1789
議会が人権宣言採択(さいたく)

フランスでは，三部会で特権身分（第一身分・第二身分）と第三身分が対立。国王ルイ16世は第三身分が独自に開いた国民議会を弾圧しようとしたので，民衆がバスティーユ牢獄(ろうごく)を襲撃(しゅうげき)。これをきっかけにフランス革命が始まりました。

なんでオレたち第三身分だけ税をとられるんだ!!

一 聖職者
二 貴族
三 平民

☽ 立法議会成立→共和政の国民公会(こうかい)
成立→ロベスピエールの恐怖政治で混乱

革命期のフランス	1789		1791	1792	1793	1794
	三部会	国民議会	フランス革命	立法議会	国民公会	ルイ16世処刑	ロベスピエール独裁 →	ロベスピエール処刑

😊 国民議会は 人権宣言 を採択し、すべての人間には基本的人権があること、国民に主権があること、私有財産は不可侵であることなどを宣言しました。

フランス人権宣言（抜粋）

第1条　人間は自由、かつ権利において平等なものとして生まれ、また、存在する。社会的差別は、共同の利益にもとづくものでなければ設けられない。

第3条　あらゆる主権の原理（起源）は、本来的に国民にある。

🌙 1791年に憲法が制定されると 立法議会 が開かれました。しかし、王への不信感はおさまらず、やがて王は処刑されました。この間に、人々の支持を受けて成立した 国民公会 は急進化して、ロベスピエールを中心とする革命政府は恐怖

▲恐怖政治を行ったロベスピエール

政治を行いました。しかし、国民の不満が表面化して処刑され、95年に総裁政府が成立しました。

〜〜〜 寝る前にもう一度 〜〜〜

😊 非難爆（1789年）発フランス革命→国民議会が人権宣言採択

🌙 立法議会成立→共和政の国民公会成立→ロベスピエールの恐怖政治で混乱

近代国家

★ 今夜おぼえること

✪ ナポレオン法典制定→ナポレオンが皇帝に即位して第一帝政開始

混乱の中で総裁政府を倒したナポレオンが自ら第一統領となって統領政府をたて，独裁的な権力を握りました。

☾ 大陸制覇→大陸封鎖令（ふうされい）でイギリスに対抗→ロシア遠征に失敗し没落

ナポレオンはヨーロッパ諸国との戦いに相次いで勝利をおさめました。残るイギリスに対しては他国に対英貿易を禁じる大陸封鎖令を出しました。しかし，これは諸国の反発を招くことになりました。

▲ ナポレオンのころのヨーロッパ

35

❂ ナポレオン は，私有財産の不可侵などを定めた民法典（ナポレオン法典）を制定し，フランス革命の成果を定着させました。そして国民投票の結果，皇帝に即位して帝政を始めました（ 第一帝政 ）。

▲ナポレオンと皇后の戴冠

ナポレオンはみずから皇帝の冠をかぶり，皇后に冠を授けようとしているよ。ローマ教皇（右）は背後から祝福しているよ。

☾大陸封鎖令を無視した ロシア への遠征が失敗に終わると，各地でナポレオンの支配に対する解放戦争が始まり，敗れたナポレオンは退位させられました。

💤 寝る前にもう一度

❂ ナポレオン法典制定→ナポレオンが皇帝に即位して第一帝政開始

☾ 大陸制覇→大陸封鎖令でイギリスに対抗→ロシア遠征に失敗し没落

近代国家

★今夜おぼえること

✿ウィーン会議でフランス革命以前の状態に戻すウィーン体制成立

　ナポレオンの失脚を受けて開かれたウィーン会議では，各国の領土や支配体制を革命前の状態に戻すこと（正統主義）とするウィーン体制が形成されました。

▶ウィーン会議後のヨーロッパ

☾自由主義とナショナリズムでウィーン体制動揺，フランスで七月革命

　フランス革命からナポレオンの時代にヨーロッパでは自由主義とナショナリズムの考え方が広まったため，復古的なウィーン体制への反発につながりました。

37

💮 正統主義 の考えのもと，大国間の勢力均衡が重視され，フランスをはじめ各地で王政が復活しました。また，ロシア皇帝が提唱した神聖同盟や体制維持のための四国同盟が結成され，ウィーン体制を支えることになりました。

▲ウィーン会議（1814〜15年）の風刺画

🌙 政治的にも経済的にも国家からの個人の自由を求めるのが 自由主義 ，民族の統一や国民国家の形成などを求めるのが ナショナリズム です。フランスでは1830年，国王の専制に反対する市民によって 七月革命 が起こり，国王が追放されました。

ヨーロッパ各地でナショナリズムの運動が広がったよ。

💤 寝る前にもう一度

💮 ウィーン会議でフランス革命以前の状態に戻すウィーン体制成立

🌙 自由主義とナショナリズムでウィーン体制動揺，フランスで七月革命

近代国家

★ 今夜おぼえること

❂1848年，パリで二月革命→第二共和政→ナポレオン3世による第二帝政

1848年，フランスで王政が倒されて第二共和政が成立しました（二月革命）。この革命は，ヨーロッパ各地の自由主義とナショナリズムの運動に大きな影響を与えました。

▶ 1848年のヨーロッパ

地図内のラベル：
- 大西洋
- チャーティスト運動 1837～48
- ロンドン
- 二月革命 1848
- フランクフルト国民議会 1848～49
- パリ
- フランクフルト
- ベルリン
- 三月革命 1848
- ウィーン
- 三月革命 1848
- 地中海
- 革命運動が起こった地
- 0 500km

☽社会主義思想が拡大，マルクスらは『共産党宣言』発表

産業革命の進展によって資本主義経済にともなう社会問題が表面化すると，社会の不平等を是正して平等な社会を目指す社会主義思想が広まりました。最も影響力をもった思想家がマルクスです。

マルクス

♜ 二月革命後に大統領となったルイ＝ナポレオンは，1852年に皇帝（ ナポレオン 3 世 ）となり，国内産業の育成や，積極的な対外政策を行いました。

ナポレオン3世の第二帝政は，プロイセン＝フランス（普仏）戦争の敗北によって終わったよ。

☽ マルクス とエンゲルスは，『共産党宣言』を発表しました。この中で私的所有権を制限して生産手段を共有化することが必要であるとして，そのための労働者の国際的な団結を説きました。

共産党宣言

ヨーロッパではひとつの亡霊がうろついている。それは共産主義の亡霊である。…ブルジョワ階級の時代である我が時代は…すなわちブルジョワ階級とプロレタリア階級へとますます分離しているのである。…あらゆる地域のプロレタリアよ，団結せよ！

（的場昭弘訳『新訳 共産党宣言』）

😴 寝る前にもう一度

- ♜ 1848年，パリで二月革命→第二共和政→ナポレオン3世による第二帝政
- ☽ 社会主義思想が拡大，マルクスらは『共産党宣言』発表

近代国家

★ 今夜おぼえること

✪サルデーニャ王国が主導して

イタリア王国が成立

　長年にわたって分裂状態が続いていたイタリアでは，立憲君主政をとったサルデーニャ王国が統一の主導権を握り，1861年にイタリア王国が成立しました。

凡例
☐ 1859年のサルデーニャ領
☐ 1860年フランスに割譲
☐ 1859年～60年併合
☐ 1866年併合
☐ 1870年併合
← ガリバルディの進路
━ 1870年のイタリア王国領

▶イタリアの統一

☽ビスマルクが普墺戦争で勝利

（プロイセン=オーストリア）

→ 普仏戦争でドイツ帝国成立

（プロイセン=フランス）

　プロイセンの首相ビスマルクは「鉄血政策」と呼ばれる軍備拡張政策をとり，普墺戦争でオーストリアに勝利しました。

ドイツ統一は，鉄（武器）と血（兵士）によって達成される！

ビスマルク

41

✿「青年イタリア」出身の
ガリバルディ は南部の両
シチリア王国を征服し，こ
れをサルデーニャ王に献上。
この結果，1861年に イタ
リア王国 が成立しました。

「青年イタリア」は，マッツィーニが結成した政治集団だ。

ガリバルディ

❍プロイセンは，普墺戦争に勝利すると，ナポレオン3世
を挑発して 普仏戦争 を引き起こし，フランスにも勝利。
プロイセン国王 ヴィルヘル
ム1世 がドイツ皇帝に即
位し，1871年ドイツ帝国が
成立しました。宰相のビス
マルクは独裁的な権力をふ
るい，カトリック教徒や社
会主義者を抑圧しました。

北海　　バルト海

○ベルリン

☐1866年以前のプロイセン領 ┈┈1861年成立の北ドイツ連邦の南界
☐1866年以後のプロイセン領 ☐1871年成立のドイツ帝国の領域

▲ドイツの統一

✿サルデーニャ王国が主導してイタリア王国が成立
❍ビスマルクが普墺戦争で勝利→普仏戦争でドイツ帝国成
立

近代国家

★ 今夜おぼえること

✿バルカン半島などで東方問題，

ロシアがオスマン帝国とクリミア戦争

19世紀，オスマン帝国の領域（バルカン半島など）をめぐるヨーロッパ列強間の外交問題が起きました。これを東方問題といいます。

西ヨーロッパ諸国から見て東の方で争っていたから，東方問題と呼ぶよ。

☽ロシアは露土戦争に勝利，
ロシア=トルコ

ドイツはビスマルク外交を展開

南下政策を進めるロシアは1877年，ロシア=トルコ（露土）戦争に勝利しました。しかし，ベルリン会議で列国の利害が調整された結果，ベルリン条約が結ばれ，ロシアの南下政策ははばまれました。

--- サン=ステファノ条約によるブルガリアの境界
ベルリン条約後のオスマン帝国の領域

ロシア帝国
オーストリア=ハンガリー帝国
ルーマニア
ボスニア・ヘルツェゴヴィナ
セルビア
ブルガリア
黒海
東ルメリア
モンテネグロ
オスマン帝国
ギリシア
地中海
キプロス
0 300km

43

国内の改革を始めたけれど，失敗したか…。

🐱 ロシアは領土の拡大を ねらって南下政策を進めた ものの，1853年からの クリミア戦争 でイギリス・フラン スの支援を受けたオスマン 帝国に敗れました。皇帝 アレクサンドル2世は 農奴

アレクサンドル2世

解放令 を出して，国内の改革を始めましたが失敗しました。

🌙 普仏戦争後，ビス マルクはオーストリア・ ロシアと三帝同盟を結 ぶなどフランスを孤立 させる外交を行いまし た（ビスマルク外交）。 さらに1882年，ドイツ はオーストリア・イタリ

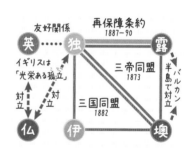

▲ビスマルク外交による同盟

アと 三国同盟 を結成し，自国の安全を図りました。

💤 寝る前にもう一度

🐱 バルカン半島などで東方問題，ロシアがオスマン帝国と クリミア戦争
🌙 ロシアは露土戦争に勝利，ドイツはビスマルク外交を展開

★ 今夜おぼえること

✿モンロー宣言で相互不干渉を表明, 国内では西部を開拓

モンロー大統領は, 南北アメリカ大陸からヨーロッパ諸国の影響を排除するために, 相互不干渉をうたったモンロー宣言を発表しました。

1818（イギリスより割譲）

オレゴン 1846（併合）

ルイジアナ 1803（フランスより買収）

カリフォルニア 1848（メキシコより割譲）

1783年の領土

テキサス 1845（併合）

1853（メキシコより買収）

フロリダ 1819（スペインより買収）

▶アメリカ合衆国の拡大

—1869年大陸横断鉄道

♪ 人は無意味な南北戦争→リンカンの奴隷解放宣言→北部勝利
1 8 6 1

アメリカでは独立後, 産業や貿易, 奴隷制度などに対する考え方の違いから, 北部と南部の対立が激化, ついに南北戦争が始まりました。

南　　北

奴隷制必要！＋自由貿易

奴隷制反対！＋保護貿易

💠アメリカ合衆国では[西部]の[開拓]が進められ、19世紀半ばには、カリフォルニアを獲得し太平洋岸まで到達しました。未開拓地と開

▲移住を強制された先住民

拓地の境界である[フロンティア]が西に移動したのに伴い、先住民はへき地に強制移住させられ、人口も激減しました。

🌙南北戦争中の1863年、北部の[リンカン]大統領が[奴隷解放宣言]を発すると、南部は国際世論から孤立し、1865年に国内外からの支持を集めた北部が勝利しました。その後、大陸横断鉄道が完成するなど国内の統合が進みましたが、人種差別などの問題は残りました。

リンカン

💠モンロー宣言で相互不干渉を表明、国内では西部を開拓

🌙人は無意（1861年）味な南北戦争→リンカンの奴隷解放宣言→北部勝利

近代国家

★ 今夜おぼえること

🌑第2次産業革命→資本輸出の場を

求めて列強は領土拡張（帝国主義）

　石油を燃料とした電力の使用による第2次産業革命が起こったことで、資本主義がさらに発展し、巨大企業が生まれました。

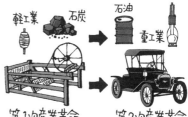

第1次産業革命　　第2次産業革命

🌙アフリカを英は縦断，仏は横断し，

さらに列強は太平洋も分割

　アフリカは欧米列強によって分割されました。とくに，イギリスはエジプトから南アフリカへと南北に縦断する政策を，フランスは東西に横断する政策をとりました。イギリスは金やダイヤモンドを得るため南アフリカ戦争（ボーア戦争）をおこし，この地を併合しました。

▲イギリスの縦断政策とフランスの横断政策

😎 列強は資本輸出の場を求めて、武力を背景に植民地獲得をめざしました（ 帝国主義 ）。同じころ、アメリカにはアジアやヨーロッパから多くの 移民 が流入しました。

🌙 太平洋も アメリカ ・イギリス・ドイツ・フランスなどによって分割されました。19世紀末には、アメリカ＝スペイン（米西）戦争で勝利したアメリカがフィリピンを獲得し、中国進出への足がかりとしました。

▲ 20世紀初めの太平洋

〈寝る前にもう一度〉

😎 第2次産業革命→資本輸出の場を求めて列強は領土拡張（帝国主義）

🌙 アフリカを英は縦断、仏は横断し、さらに列強は太平洋も分割

近代国家

★今夜おぼえること

☆オスマン帝国はタンジマートを開始，

ミドハト憲法制定→露土戦争後縮小
ロシアニトルコ

　列強の進出を受け
たオスマン帝国は，
タンジマートと呼ば
れる近代化・西欧化
改革を始めました。

□ 1699-1716年に失った領土
□ 1774-1833年に失った領土
□ 1858-1899年に失った領土
□ 1912-1918年に失った領土

オスマン帝国

地中海

スエズ運河

ムハンマド=アリー朝

▶オスマン帝国の縮小

●エジプトはムハンマド゠アリーが実権掌握
しょうあく

→ウラービーの反乱でイギリスの保護国に
（オラービー）

　ナポレオンが撤退したあとのエジ
プトで実権を握った，オスマン帝国
の軍人出身のムハンマド゠アリー
は，軍隊の近代化をはかってオスマ
ン帝国を圧倒し，エジプトに事実上
の独立王朝をつくりました。

😺オスマン帝国は タンジマート の集大成として，1876年に ミドハト憲法 を発布しましたが，露土戦争（ロシア＝トルコ戦争）に敗れたことで，領土の多くを失いました。

すべての
オスマン人に
自由と平等を
保障する。

🌙エジプトはフランスと共同で進めていた スエズ運河 の建設費用などで財政が悪化し，やがてイギリスとフランスの

開通したスエズ運河

財政管理下に置かれたことで，政治的にも支配されていきました。これに反発した軍人ウラービーが蜂起しましたが，イギリスによって鎮圧され，エジプトは事実上の保護国にされました。

😴寝る前にもう一度

😺オスマン帝国はタンジマートを開始，ミドハト憲法制定
　→露土戦争後縮小

🌙エジプトはムハンマド＝アリーが実権掌握→ウラービー
　の反乱でイギリスの保護国に

近代国家

★今夜おぼえること

✸イギリスの支配に対し，インドでシパーヒーの反乱→インド大反乱へ

インド（ムガル帝国）に進出していたイギリスは，1757年，プラッシーの戦いでフランスを破り，インドの植民地化を本格化させました。

▶インドの植民地化

凡例：
☐ 1769年のイギリス領
☐ 1857年のイギリス領
☐ 1889年のインド帝国
— シパーヒーの反乱の広がった範囲

プラッシー○

☽オランダはジャワ島，イギリスはマレー半島やビルマ，フランスはインドシナ半島に進出

19世紀，東南アジアがヨーロッパ諸国によって植民地化されるなか，タイは独立を維持し，チュラロンコン（ラーマ5世）が近代化政策を進めました。

行政や司法，教育を近代化するぞ

チュラロンコン

51

❊19世紀中ごろ，インド人傭兵（シパーヒー）の反乱をき

っかけに インド大反乱 が起こりましたが，イギリスはこれを

鎮圧し，ムガル帝国を滅ぼ

しました。その後，イギリス

は直接統治に乗り出し，

英領インド帝国 を成立さ

せました。

> 産業革命後，イギリ
> ス製の安価な綿布が
> 輸入されると，イン
> ドの伝統的な綿工業
> は衰退したんだ。

🌙ヨーロッパ諸国は，原

料供給地や自国製品の

輸出市場を求めて東南

アジアに本格的に進出し

ました。

▶東南アジアの植民地化

❊イギリスの支配に対し，インドでシパーヒーの反乱→イ
ンド大反乱へ

🌙オランダはジャワ島，イギリスはマレー半島やビルマ，
フランスはインドシナ半島に進出

近代国家

★ 今夜おぼえること

✿三角貿易で中国の銀が流出→アヘン戦争→イギリスが勝利し南京（ナンキン）条約

18世紀，中国からの茶の輸入が増加したイギリスでは，代価として大量の銀が中国に流出していました。これを防ぐため，イギリスはインド産アヘンを中国に密輸して，三角貿易が始まりました。中国は銀の流出とアヘン中毒者の増加に苦しみました。

▲三角貿易（19世紀）

☽中国で太平天国（たいへいてんごく）の乱，英・仏とアロー戦争→敗北し天津（てんしん）・北京（ペキン）条約

（第2次アヘン戦争）

アヘン戦争後，中国では民衆の不満が高まり，キリスト教の影響を受けた洪秀全（こうしゅうぜん）が太平天国の乱を起こしました。反乱勢力は中国南部を拠点に支持を広げましたが，漢人の官僚が組織した軍隊などによって鎮圧されました。

滅満興漢（めつまんこうかん）！
清を滅ぼして漢人の国をつくろう！

洪秀全

✿清がアヘン密輸の取り締まりを行うと，イギリスが反発し，1840年に アヘン戦争 を起こしました。勝利したイギリスは1842年の南京条約で開港場の増加や香港島の割譲を清に認めさせました。

❂イギリスは，アヘン戦争後も期待したほど輸出が伸びなかったことから，フランスとともに アロー戦争 を起こしました。勝利した両国は天津条約・北京条約によって開港場のさらなる増加や外国交使の北京駐在などを認めさせました。

- アヘン戦争での南京条約による開港場
- アロー戦争での天津・北京条約による開港場

▲戦争後の清の開港場

北京　営口
天津　芝罘
南京　鎮江　上海
漢口　杭州　寧波
九江
福州　淡水
厦門
広州
汕頭　台南
香港
瓊州

0　　500km

💤寝る前にもう一度

✿三角貿易で中国の銀が流出→アヘン戦争→イギリスが勝利し南京条約

❂中国で太平天国の乱，英・仏とアロー戦争→敗北し天津・北京条約

★ 今夜おぼえること

☆ 🎵黒船見学で人は混み，翌年日(にち)

米和親(べいわしん)条約調印へ
1853

太平洋への進出をねらっ
ていたアメリカは，燃料補
給などの寄港地として日本
に目をつけ，ペリーを派遣
して，江戸幕府に対して開
港を求めました。

開国を
要求する！

ペリー

明治維新

🌙 🎵一番こわい不平等条約，日米

修好通商(しゅうこうつうしょう)条約調印
1858

アメリカの圧力はさらに
増し，総領事ハリスが貿易
や開国を迫りました。アロ
ー戦争の推移を伝えられた
大老(たいろう)の井伊直弼(いいなおすけ)は条約を締
結しました。

イギリス・フラン
スは危険ですぞ！
早く通商条約を！

ハリス

🌸 1853 年，アメリカ大統領の国書を持った ペリー の艦隊が浦賀に来航し，日本に開国を要求しました。翌年，再びやってきたペリー艦隊の要求に幕府は屈し， 日米和親条約（にちべいわしん） を調印して下田（しもだ）と箱館（はこだて）の2港を開港しました。

阿部正弘（あ　べ まさひろ）

🌙 日米修好通商（にちこうつうしょう）条約 は領事裁判権を認め，日本に関税自主権がないなど日本にとって不利な内容でした。ま

日米修好通商条約の内容
①神奈川・長崎・新潟・兵庫・箱館の開港と江戸・大坂の開市（かいし）
②自由貿易の開始
③開港場には外国人の居留地（きょりゅうち）をもうける
④領事裁判権（りょうじさいばんけん）（治外法権（ちがいほうけん））を認める
⑤日本に関税自主権がない

た，日本はオランダ・ロシア・イギリス・フランスとも同様の条約に調印しました。

😴 寝る前にもう一度

🌸 黒船見学で人は混み（1853年），翌年日米和親条約調印へ

🌙 一番こわ（1858年）い不平等条約，日米修好通商条約調印

★ 今夜おぼえること

✿ 長州藩と薩摩藩は攘夷を断念し，薩長同盟結んで倒幕へ

幕府に不満をつのらせていた薩摩藩の西郷隆盛らは，坂本龍馬の仲介で長州藩の桂小五郎（木戸孝允）らと薩長同盟を結びました。

桂小五郎　　坂本龍馬　　西郷隆盛

明治維新

🌙 (ゴロ合わせ) 慶喜大政奉還するも，一夜むな
しく王政復古の大号令

1 8 6 7

徳川慶喜は，大政奉還で朝廷に政権をいったん返し，新しい政治体制のなかで主導権を握ろうとしました。

✿1863年 尊王攘夷派の長州藩が外国船を砲撃すると，翌年イギリス・フランス・オランダ・アメリカの四国連合艦隊が長州藩を攻撃しました。

四国連合艦隊

同じころ薩摩藩でも 生麦事件 の報復として攻めてきたイギリスと戦いました（ 薩英戦争 ）。攘夷は不可能と考えた長州藩と薩摩藩は坂本龍馬の仲介で同盟を結び，倒幕へと向かいました。

☽ 1867 年，15代将軍 徳川慶喜 は朝廷に政権の返上を申し出ました（ 大政奉還 ）。しかし，倒幕派は武力を背景に 王政復古の大号令 を発して，天皇中心の新政府を発足させました。これにより，260年以上続いた江戸幕府は滅びました。

徳川慶喜は領地や権利を取り上げられたので反発して戦いを起こしたよ（戊辰戦争）。

✿長州藩と薩摩藩は攘夷を断念し，薩長同盟結んで倒幕へ
☽慶喜大政奉還するも，一夜むな（1867年）しく王政復古の大号令

★ 今夜おぼえること

☆鳥羽・伏見の戦い→江戸城無血開城するも、東北まで及ぶ戊辰戦争へ

戊辰戦争では旧幕府軍をフランスが、新政府軍をイギリスが支援しました。五稜郭の戦いで旧幕府軍が降伏し、戊辰戦争は終わりました。

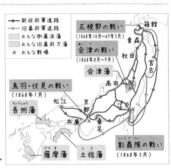

凡例
➡ 新政府軍進路
➡ 旧幕府軍進路
▨ おもな倒幕藩
▨ おもな旧幕府方藩
✕ おもな戦場

五稜郭の戦い
(1868年10月～69年5月)

会津の戦い
(1868年8月～9月)

会津藩

鳥羽・伏見の戦い
(1868年1月)

長州藩

薩摩藩　土佐藩

彰義隊の戦い
(1868年5月)

箱館　青森　宮古　秋田　高田　松江　京都　兵庫　桑名　江戸

▶ 戊辰戦争

明治維新

◗合わせ 戊辰戦争続く中、五箇条の誓文の意うやむやの五榜の掲示
　　　　　1　　　8　6　8

明治天皇は五箇条の誓文を発布し、公家や大名の前で神々に国家の方針を誓いました。

五箇条の誓文

一　広ク会議ヲ興シ万機
　　公論ニ決スベシ
一　上下心ヲ一ニシテ盛
　　ニ経綸ヲ行フベシ
　　　　　　　　（一部）

59

😺1868年，鳥羽・伏見の戦いで戊辰戦争が始まりま

した。江戸での戦いを避
けようとした旧幕臣の勝
海舟は，西郷隆盛との
交渉の末，政府に江戸
城を明け渡しましたが（無
血開城），東北では会津

—西郷隆盛　　　勝海舟—

藩などが降伏するまで旧幕府軍は政府に抵抗を続けました。

🌙戊辰戦争のさなかの1868年，明治天皇は国家の方

針として五箇条の誓文を出しました。内容は世論の尊
重や開国和親などでした。
一方，政府は，誓文交付
の翌日，民衆に向けて五
榜の掲示を掲げました。内
容は道徳遵守，徒党・キ
リスト教の禁止など，従来

▲五榜の掲示

の幕府の政策と変わらないものでした。

💤寝る前にもう一度

😺鳥羽・伏見の戦い→江戸城無血開城するも，東北まで及
　ぶ戊辰戦争へ
🌙戊辰戦争続くなか，五箇条の誓文の意うやむや（1868年）
　の五榜の掲示

★ 今夜おぼえること

❀ 版籍奉還させるも，旧藩主の人は禄もらう知藩事に

1869年に政府は全藩主に領地・領民を天皇に返すよう命じ（版籍奉還），旧藩主を知藩事として任命しました。

天皇 → 任命 → 知藩事
返上
領地と領民
（版）　（籍）

🌙 府知事・県令派遣し，もう藩とはいわない廃藩置県

廃藩置県により幕藩体制は解体されて，中央集権体制が確立されていきました。

政府
地方行政　派遣
東京居住　罷免
府知事・県令　　　　　知藩事

明治維新

61

😺 政府は版籍奉還（はんせきほうかん）を行いましたが、旧大名が支配するしくみは変わらなかったため、政府は1871年に戸籍法を公布し、翌年新たな統一的な戸籍をつくりました。また、それまでの身分制度を解体しました（「四民平等」）。これにより、士族の多くは職を失い、その後秩禄（ちつろく）（華族（かぞく）・士族（しぞく）の給与など）も廃止されました（秩禄処分）。

四民平等		
旧藩主・公家	→	華族
藩士・旧幕臣	→	士族
農民・町人	→	平民
えた・非人	→	平民
		(1872年)

🌙 1871 年に政府は 廃藩置県（はいはんちけん） を行い、藩を廃止して府・県をおきました。これにより知藩事を罷免（ひめん）して東京に居住を命じ、派遣した府知事・県令に地方行政を担当させました。政府はこのような改革を行うことで、中央集権国家の建設を目指しました。このころ都市では欧米の文化が流入し、文明開化と呼ばれる風潮が広がりました。

文明開化という言葉は、『学問のすゝめ』を著した福沢諭吉（ふくざわゆきち）が最初に使ったといわれているよ。

💤 寝る前にもう一度

😺 版籍奉還させるも、旧藩主の人は禄（1869年）もう知藩事に

🌙 府知事・県令派遣し、もう藩とはいわない（1871年）廃藩置県

★ 今夜おぼえること

✿ 〔ゴロ合わせ〕血税といわれ，人はなみだの徴兵令
　　　　　　　　　　　　　　　　　　　 1 8 7 3

1872年に徴兵告諭が示され，翌年に徴兵令が公布されました。これは，満20歳以上の男子を兵役に服させるものでした。

血税？

☾ 農民いやがる 3 ％の地租改正，一揆で 4 年後2.5％に

江戸時代には米で年貢を納めていましたが，地租改正後は現金で地租を納めることになりました。

| 江戸時代は | ⟶ | 地租改正後は |

年貢 　　　現金

☆ 四民平等によって身分制度が廃止されたことにより、政府は士族の役割だった兵役を全国民に義務づけるため、 1873 年に 徴兵令 を公布しました。

徴兵のがれの指南書も出回ったよ。

☽ 1873 年、新政府は課税の基準を収穫高から地価に変更し、地価に応じた現金で納めさせる 地租改正 に着手、その税率を地価の3％に統一しました。しかし、これはそれまでの年貢収入を減らさない方針で行われたため、税の負担はほとんど変わらず、各地で地租改正反対一揆がおこりました。その結果、政府は地租を地価の2.5％に引き下げました。

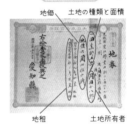

地価　土地の種類と面積
地租　　土地所有者

☆ 血税といわれ、人はなみ（1873年）だの徴兵令
☽ 農民いやがる3％の地租改正、一揆で4年後2.5％に

64

★ 今夜おぼえること

☆条約改正を目指し岩倉使節団を欧

米に派遣し，近隣国とは条約を結ぶ

1871年，政府は岩倉具視を全権大使とする使節団を欧米に派遣しました。その後日本に戻った使節団は，欧米にならった国づくりを訴えました。

岩倉具視

▶岩倉使節団

☽北海道に開拓使がおかれ，琉球

王国は琉球藩を経て沖縄県に

1869年，蝦夷地は北海道と改称されました。政府は行政機関として開拓使をおき，全国から募集した屯田兵を入植させました。

明治維新

65

🌸 政府は清と1871年に 日清修好条規 を結び、国交をもちました。ロシアとは1875年に 樺太・千島交換条約 を結び、北の国境が画定しました。また、朝鮮とは1875年の 江華島事件 を口実に、翌年不平等な 日朝修好条規 を結んで朝鮮を開国させました。

1875年
樺太・千島交換条約で交換

1876年
日朝修好条規で進出

中国(清) 1871年
日清修好条規で対等な国交

1872年
琉球藩を置く
1879年
沖縄県とする

1874年
台湾出兵

1876年
統治開始

樺太(ロシア) 千島列島(日本)

朝鮮

日本

琉球諸島

小笠原諸島

台湾

琉球

▲明治初期の日本の領土の画定と対外関係

🌙 薩摩藩と清に両属していた琉球王国について、政府は、廃藩置県の翌1872年に琉球藩をおいて、日本に帰属することとしました。しかし、清はこれを認めませんでした。1874年には琉球の島民が台湾の住民に殺害されたことを理由に、日本は台湾に派兵しました(台湾出兵)。その後、政府は1879年に琉球藩を廃し、 沖縄県 を設置しました(琉球処分)。

> 台湾出兵に対し、清が賠償金を支払ったため日本は琉球が自国領になったとみなしたよ。

💤 寝る前にもう一度

・🌸条約改正を目指し岩倉使節団を欧米に派遣し、近隣国とは条約を結ぶ

・🌙北海道に開拓使がおかれ、琉球王国は琉球藩を経て沖縄県に

★ 今夜おぼえること

★ ゴロ合わせ いやな世に必要と，民撰議院（みんせんぎいん）

設立の建白書
1874

板垣退助（いたがきたいすけ）らが政府に提出した民撰議院設立の建白書（けんぱくしょ）が，民衆の政治参加を求める自由民権運動の起点となりました。

板垣退助

国会を開いて国民を政治に参加させよ！

🌙 ゴロ合わせ アジアでいち早く成立の大日本

帝国憲法
1889

政府は憲法制度を調査するために伊藤博文（いとうひろぶみ）らをヨーロッパに派遣しました。伊藤は，君主権の強いドイツ（プロイセン）の憲法を参考に制定の準備を進めました。

明治維新

♟ 1880年，全国の政治結社が集まって国会期成同盟を結成すると，政府は集会条例を制定して集会・結社の自由を制限しました。しかし，1881年に開拓使官有物払下げ事件がおこると，政府は事件との関連が疑われた大隈重信を罷免し，天皇の名で 国会開設の勅諭 を出して1890年の国会開設を公約することで事態をおさめようとしました。

板垣退助は自由党，大隈重信は立憲改進党を結成したよ。

☽ 伊藤博文は1885年に内閣制度を創設し，初代内閣総理大臣に就きました。1889年に君主（天皇）が定めて国民に授ける欽定憲法の形で 大日本帝国憲法 が発布されました。

大日本帝国憲法

第 一 条　大日本帝国ハ万世一系ノ天皇之ヲ統治ス
第 三 条　天皇ハ神聖ニシテ侵スベカラズ
第 十一 条　天皇ハ陸海軍ヲ統帥ス
第五十五条　国務各大臣ハ天皇ヲ輔弼シ其ノ責ニ任ス

---

zzz 寝る前にもう一度

♟ いやな世（1874年）に必要と，民撰議院設立の建白書
☽ アジアでいち早く（1889年）成立の大日本帝国憲法

★ 今夜おぼえること

✿ 《ゴロ合わせ》人は苦しみ甲午農民戦争→清の朝鮮出
1 8 9 4
兵に対抗して日本も出兵→日清戦争勃発

日朝修好条規により開国した朝鮮では，開化派と保守派が対立しました。さらに外国商品の流入で経済が悪化すると甲午農民戦争（東学の乱）がおこりました。

重税反対!

侵略反対!

☾ 下関条約で台湾など得るも，三
国干渉で遼東半島返還
リヤオトン

ロシアは，日清戦争に勝った日本の中国東北部進出に危機感を強めました。

賠償金を払っていただきたい!

遼東半島は返しなさい

フランス

清　日本　ロシア　ドイツ

✿ 甲午農民戦争（東学の乱）をしずめるため、朝鮮が清に派兵を要請すると、日本も対抗して出兵し、両軍が衝突して1894年に[日清戦争]が始まりました。

日清戦争の戦場▶

☽ 日清戦争は日本が優位に進め、終戦しました。[下関条約]で、清は遼東半島や台湾、澎湖諸島を日本にゆずることなどが決まりました。しかし、日本はロシア・ドイツ・フランスによる[三国干渉]の要求を受け入れ、遼東半島を清に返還しました。これにより、国民の間にロシアへの敵意が高まりました。

1. 清は朝鮮の独立を承認する。
2. 遼東半島・台湾・澎湖諸島を日本に割譲する。
3. 賠償金2億両（当時の日本円で約3.1億円、当時の日本の歳入は約1.2億円）を日本に支払う。

▲下関条約のおもな内容

··· 💤 寝る前にもう一度 ···

✿ 人は苦し（1894年）み甲午農民戦争→清の朝鮮出兵に対抗して日本も出兵→日清戦争勃発

☽ 下関条約で台湾など得るも、三国干渉で遼東半島返還

★ 今夜おぼえること

✿紡績業と製糸業から日本の産業革命，下関（しものせき）条約の賠償金で官営（かんえい）八幡（やはた）製鉄所

19世紀後半，日本政府は殖産（しょくさん）興業に力を注ぎました。欧米の技術を導入して近代的な産業を育てたことで，紡績・製糸などの軽工業から産業革命がおこりました。

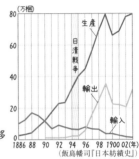

（万梱）

生産

日清戦争

輸出

輸入

80

60

40

20

1886 88　90　92　94　96　98 1900 02(年)

▶綿糸の生産量・輸出入量の推移

（飯島幡司『日本紡績史』）

☾西太后（せいたいこう）らの戊戌（ぼじゅつ）の政変→「扶清滅洋（ふしんめつよう）」を唱える義和団（ぎわだん）戦争（事件）

清では康有為（こうゆうい）らが，光緒（こうしょ）帝（てい）（カンヨウウェイ）を動かして改革に乗り出しました。しかし，この戊戌の変法に反対する西太后らが戊戌の政変（へんぼう）をおこし，改革は失敗に終わりました。

光緒帝の好きにはさせない！

戊戌の政変

71

✿ 軽工業から産業革命がおこると, 1901年には官営八幡製鉄所が操業を開始しました。これにより, 鉄鋼業などの重工業も成長し, 鉄道などが国内で生産できるようになりました。また, 政府と関係が深い三井や三菱などの政商は造船や鉱山などの事業の払い下げを受け, 後に財閥へと発展しました。

このころから義務教育が定着して, 小学校の就学率も上がったよ。

❍ 戊戌の政変の後, 反キリスト教運動から発展した義和団が「扶清滅洋」(清を助ける〈扶け〉, 外国を滅ぼす)を唱えて, 北京に攻め入りました。日本など8か国は連合軍を組織して鎮圧しました(義和団戦争〈事件〉)。清は 北京議定書 (辛丑和約)で外国軍の北京駐留を認め, 賠償金の支払いを約束しました。

扶清滅洋

義和団

･ﾟ 寝る前にもう一度 ｡ﾟ

✿ 紡績業と製糸業から日本の産業革命, 下関条約の賠償金で官営八幡製鉄所

❍ 西太后らの戊戌の政変→「扶清滅洋」を唱える義和団戦争(事件)

★ 今夜おぼえること

☆☆ <u>行くわよ</u>日露戦争，旅順を占
　　ゴロ合わせ 1904　　　にちろ　　りょじゅん
　　　　　　　　　　　　　　　　　　ルーシュン
領，日本海海戦で艦隊撃滅

　1904年に始まった日露戦争
で，日本はロシアのバルチッ
ク艦隊を日本海海戦で破るな
ど，戦況を優位に進めまし
た。

▶日露軍事力の比較

	日本	ロシア
兵士数	約108万人	約129万人
死者数	約8.4万人	約5.0万人
臨時戦費	約17.2億円	約20億円
軍艦数	106隻	63隻

（『明治大正財政詳覧』，
横手慎二『日露戦争史』などによる）

☽ ポーツマス条約調印するも，民衆
　　　　　　　　　　ひびや
　おこす日比谷焼打ち事件

　アメリカのセオドア＝ロー
ズヴェルト大統領の仲介
により，日本とロシアは
1905年に講和条約（ポーツ
マス条約）を結びました。

仲介するよ。

ウィッテ　セオドア＝　　小村寿太郎
　　　　　ローズヴェルト　こむらじゅたろう

第一次世界大戦

73

★今夜のおさらい

✿1904年，日露戦争がおこりました。日本は優勢でしたが，次第に戦費・兵力が不足していきました。一方，ロシアも1905年に国内で革命がおこり，戦争の継続が困難になっていきました。

▲日露戦争の関係図

与謝野晶子は，日露戦争に出兵した弟を思って「君死にたまふことなかれ」という詩を発表したよ。

☾1905年，日本とロシアの間でポーツマス条約が結ばれました。日本は韓国の監督・指導権，遼東半島南部（関東州）の租借権や南満洲鉄道の利権，樺太南部などを獲得しましたが，賠償金は得られませんでした。国民は賠償金を得られなかったことに反発して，日比谷焼打ち事件をおこしました。

💤寝る前にもう一度

✿行くわよ（1904年）日露戦争，旅順を占領，日本海海戦で艦隊撃滅

☾ポーツマス条約調印するも，民衆おこす日比谷焼打ち事件

74

★ 今夜おぼえること

✿ 日本は韓国併合（かんこくへいごう）を行い，朝鮮総（ちょうせんそう）督府（とくふ）をおく

　ポーツマス条約で韓国の監督・指導権を獲得した日本は，韓国に対して，日韓協約で保護国化を，韓国併合で植民地化を進めました。

朝鮮総督府

初代統監（とうかん） 伊藤博文（いとうひろぶみ）

●🌙（ゴロ合わせ） 清が消え，行く人々と孫文（そんぶん）さん
　　　　（辛亥革命（しんがい））　　１９１１　　スン ウェン

　清朝の打倒を目指す孫文は東京で中国同盟会を組織し，三民主義を掲げました。1911年，政府による幹線鉄道国有化をめぐって暴動がおき，辛亥革命が始まりました。

民族の独立
民権の伸張
民生の安定

三民主義

✿日本は，1904年〜07年の間に3度の日韓協約を結び，漢城（かんじょう）に統監府（とうかんふ）をおいて韓国の保護国化を進めました。その間，韓国の高宗（こうそう）が協約の無効を国際世論に訴えようとしましたが退けられました（ハーグ密使事件）。日本は，1910年に韓国併合（かんこくへいごう）を行い，朝鮮総督府（ちょうせんそうとくふ）を設置しました。

伊藤博文（いとうひろぶみ）は，韓国の抗日（こうにち）運動家に暗殺されたんだ。

☾辛亥革命（しんがい）が始まると，孫文（スンウェン）は臨時大総統（だいそうとう）となり，1912年に中華民国を建国しました。清は，袁世凱（ユアンシーカイ）を孫文らとの交渉にあたらせましたが，袁世凱は清を見限り，宣統帝（せんとうてい）（溥儀（フーイー））を退位させたことにより，清は滅亡しました。その後，孫文

孫文　袁世凱

と袁世凱が激しく対立し，中国各地に軍事集団が乱立して，中国国内は不安定な状況が続きました。

💤寝る前にもう一度
✿日本は韓国併合を行い，朝鮮総督府をおく
☾清が消え（辛亥革命），行く人々（1911年）と孫文さん

★ 今夜おぼえること

✪ドイツ中心に三国同盟，イギリス中心に三国協商

19世紀後半以降，ヨーロッパ諸国の対立や協力関係は情勢によって変わりました。ドイツはヴィルヘルム2世のもと西アジアへの進出を図り（3B政策），イギリスとの対立を深めました。

☾バルカン半島は「ヨーロッパの火薬庫」と呼ばれ，一触即発

バルカン半島では，スラヴ系民族の統一を目指すパン=スラヴ主義と，ゲルマン系民族の統一を目指すパン=ゲルマン主義の対立が激化していました。

スラヴ系民族　　ゲルマン系民族

第一次世界大戦

77

✿19世紀末，フランスの孤立を図りたいドイツはオーストリア・イタリアとともに 三国同盟 を結成し，フランスはロシアと露仏同盟を結びました。その後，イギリスがフランスと英仏協商を，ロシアと英露協商を結んだことから 三国協商 が成立して三国同盟に対抗しました。

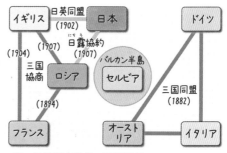

イギリス
日英同盟（1902）
日本
ドイツ
（1904）
（1907）
日露協約（1907）
三国協商
ロシア
バルカン半島
セルビア
三国同盟（1882）
（1894）
フランス
オーストリア
イタリア
三国同盟（1882）
三国同盟
（1882）

▲第一次世界大戦前の国際関係

☽オスマン帝国の衰退によって独立国が生まれたバルカン半島は，パン＝スラヴ主義を支援するロシアと，パン＝ゲルマン主義を推進するドイツの対立が激化し，民族問題と列強の思惑が複雑にからみ合ったため，「ヨーロッパの火薬庫」と呼ばれました。

･ᴗ･寝る前にもう一度

✿ドイツ中心に三国同盟，イギリス中心に三国協商
☽バルカン半島は「ヨーロッパの火薬庫」と呼ばれ，一触即発

★ 今夜おぼえること

☆☆ 2度のバルカン戦争でバルカン半島情勢が緊迫

　青年トルコ革命に乗じて，オーストリアがボスニア・ヘルツェゴヴィナを併合しました。これにセルビアが反発し，ロシアを後ろだてにバルカン同盟を結成しました。

☽ サライェヴォ事件→第一次世界大戦勃発，同盟国側VS協商国側

　オーストリア帝位継承者夫妻がボスニアのサライェヴォでセルビア人の青年に暗殺されました。これを機にオーストリアがセルビアに宣戦し，その後，ヨーロッパ各国は同盟国と協商国（連合国）に分かれて戦いました。

▲同盟国と協商国（連合国）

✵ 2度行われたバルカン
戦争で、敗北した オスマ
ン帝国 とブルガリアが ド
イツ ・オーストリアに接
近しました。

ブルガリア

オーストリア

オスマン帝国

ドイツ

☽ 第一次世界大戦はヨー
ロッパ全域に広がり、航
空機、戦車、毒ガスな
どの新兵器が使われた国
をあげての 総力戦 となり
ました。日本は日英同
盟を理由に参戦、アメリ
カもドイツが無制限潜水

新兵器

航空機

毒ガス　　　戦車

▲第一次世界大戦で使われた新兵器

艦作戦を開始したことで 協商国（連合国） 側で参戦し、
協商国側が優位に戦いを進めました。

ᶻᶻ 寝る前にもう一度

✵ 2度のバルカン戦争でバルカン半島情勢が緊迫
☽ サライェヴォ事件→第一次世界大戦勃発，同盟国側VS協商国側

80

★ 今夜おぼえること

✪二月革命でニコライ2世が退位,十月革命でレーニンらがソヴィエト政権を樹立

第一次世界大戦の長期化で, ロシア国内では戦争反対の声が強くなっていました。1917年, 労働者らによる反乱でロマノフ朝が倒れ, 臨時政府が樹立されました（二月〈三月〉革命）。

戦争反対!

パンと平和を!

☽ブレスト＝リトフスク条約でロシアが第一次世界大戦離脱→1922年にソ連結成

1918年, ソヴィエト政権はドイツとブレスト＝リトフスク条約を結び, 領土を手放しながらも, 第一次世界大戦から離脱しました。

社会主義で国内を建て直そう。

レーニン

😺 二月革命後も臨時政府は戦争を継続しました。これに反発した ⌈ボリシェヴィキ⌋ の指導者レーニンが中心となって臨時政府を倒し、史上初の社会主義政権であるソヴィエト政権を樹立しました（ ⌈十月〈十一月〉革命⌋ ）。

🌙 ソヴィエト政権は共産党（ボリシェヴィキから改称）の一党支配となりました。指導者のレーニンは ⌈コミンテルン⌋ （共産主義インターナショナル）と呼ばれる国際組織を設立。対外的に社会主義革命を広めようとしました。一方、国内では、革命で混乱した経済を新経済政策（ ⌈ネップ⌋ ）によって立て直しました。1922年には、 ⌈ソヴィエト社会主義共和国連邦（ソ連）⌋ が成立しました。

ネップは国有化した中小企業や農業の自由経営を認めるものだったんだよ。

💤 寝る前にもう一度

😺 二月革命でニコライ2世が退位、十月革命でレーニンらがソヴィエト政権を樹立

🌙 ブレスト＝リトフスク条約でロシアが第一次世界大戦離脱→1922年にソ連結成

★ 今夜おぼえること

✪ ウィルソンの「十四か条」に基づくパリ講和会議→ヴェルサイユ体制が成立

第一次世界大戦は1918年，協商国（連合国）側の勝利で終わりました。アメリカのウィルソン大統領が示した「十四か条」の原則に基づき，戦後，パリ講和会議が開かれました。

☽ 海軍軍備制限条約や四か国条約，九か国条約→アジア・太平洋地域の新秩序，ワシントン体制が成立

アメリカの提唱でワシントン会議が開かれ，中国や太平洋地域における列強の利害関係が調整されました。

ワシントン体制により，アメリカの国際社会での発言力は強くなったんだよ。

第一次世界大戦

83

😺 第一次世界大戦後に開かれた パリ講和会議 で定まったヨーロッパの新秩序をヴェルサイユ体制といいます。東欧を中心に多くの独立国が誕生し、ウィルソンの提案で 国際連盟 の設立も決まりました。

> ヴェルサイユ条約で、ドイツは全植民地を失い、巨額の賠償金を課されたよ。

🌙 ワシントン会議では、主要国の海軍の主力艦保有量を制限する海軍軍備制限条約、太平洋に関する 四か国条約 、中国に関する 九か国条約 が結ばれました。

◆ 海軍軍備制限条約
主力艦保有率を、米：英：日：仏：伊＝5：5：3：1.67：1.67 に
◆ 四カ国条約 ・太平洋地域の現状維持 ・日英同盟の解消
◆ 九カ国条約 ・中国の主権尊重と門戸開放、機会均等

💤 寝る前にもう一度

😺 ウィルソンの「十四か条」に基づくパリ講和会議→ヴェルサイユ体制が成立

🌙 海軍軍備制限条約や四か国条約、九か国条約→アジア・太平洋地域の新秩序、ワシントン体制が成立

★ 今夜おぼえること

✪ヴァイマル憲法制定→賠償金問題で混乱→ドーズ案成立で混乱収拾

ドイツでは1919年，民主的なヴァイマル憲法が制定されました。しかし，戦後の混乱が続き，さらに多額の賠償金を要求されたことから，ヴェルサイユ体制に対する国民の不満が高まりました。

ヴァイマル憲法　第151条
経済生活の秩序は，すべての人に，人たるに値する生存を保障することを目指す，正義の諸原則に適合するものでなければならない。

ヴァイマル憲法は当時，もっとも民主的な憲法とうたわれたよ。

☽ロカルノ条約でドイツが国際社会に復帰→不戦条約で戦争違法化

ドイツを含む7か国で，1925年にヨーロッパの集団安全保障を定めたロカルノ条約が結ばれました。

条約名	参加国	おもな締結内容
ロカルノ条約	ヨーロッパ7か国	7か国によるヨーロッパの集団安全保障条約。ドイツの国際連盟加盟を承認し，翌年加盟。
不戦条約	日本を含む15か国（のち63か国）	国際紛争解決の手段としての戦争を放棄する。

第一次世界大戦

85

😺ドイツの賠償金支払いが滞ったことから，フランスとベルギーが1923年に**ルール占領**を行い，ドイツ国内では極端な（インフレ）（インフレーション）が進行しました。しかし，シュトレーゼマン首相の通貨改革やアメリカの**ドーズ案**（支払い方法の緩和などを定める）によって混乱は収拾しました。

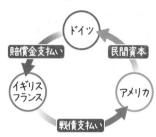

▲ドーズ案成立後の資本の国際的循環

🌙ロカルノ条約で国際協調のムードが高まり，ドイツは（国際連盟）への加盟が認められました。1928年の**不戦条約**では戦争が違法化されました。

不戦条約は，自衛のための戦争は否定していなかったんだよ。

・😴寝る前にもう一度・

😺ヴァイマル憲法制定→賠償金問題で混乱→ドーズ案成立で混乱収拾

🌙ロカルノ条約でドイツが国際社会に復帰→不戦条約で戦争違法化

★ 今夜おぼえること

✿朝鮮で「独立万歳」を叫び，三（さん）・一（いち）独立運動

朝鮮半島では「民族自決」の考えに基づいて，1919年3月1日，ソウル（当時は京城（けいじょう））の民衆が独立を宣言してデモを行いました。その後この運動が拡大し，各地に広がりました（三・一独立運動）。

☾日本が中国へ二十一か条の要求→五（ご）・四（し）運動，国民党と共産党が国共合作

第一次世界大戦中，日本は中国に対して二十一カ条の要求を出しました。パリ講和会議で要求の取り消しが認められなかったため，中国で五・四運動が起こりました。

第一次世界大戦

87

😺 朝鮮全土に広がった三・一独立運動を，日本は武力で弾圧しました。しかし，事件に衝撃を受けた日本は，植民地政策を，武力で抑えつける政治から日本への同化を進める「文化政治」に切り変えました。

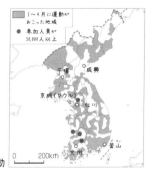

▶三・一独立運動

🌙 中国では孫文の中国国民党と陳独秀の中国共産党が並立していました。しかし，各地で内戦を行っていた軍事指導者を排除するため歩み寄り，第1次国共合作を成立させました。孫文の死後，蒋介石が全国統一を目指して北伐を開始すると，日本は山東出兵を行ってこれを妨害しました。

国共合作は外国の干渉を防ぐ目的もあったよ

😴 寝る前にもう一度
- 😺 朝鮮で「独立万歳」を叫び，三・一独立運動
- 🌙 日本が中国へ二十一か条の要求→五・四運動，国民党と共産党が国共合作

★ 今夜おぼえること

✪トルコ共和国樹立，イギリスのフ

セイン・マクマホン協定とバルフォ

（フサイン）

ア宣言がのちのパレスチナ問題へ

オスマン帝国は第一次世界大戦に敗れ，解体の危機にありましたが，ムスタファ＝ケマルがスルタン制を廃止し，トルコ共和国を建てました。

国家と宗教を分離して近代化をすすめたよ。

ムスタファ＝ケマル

☾インドでガンディーが非暴力・不服

従運動

インドは第一次世界大戦への協力の見返りに戦後の自治を約束されていました。しかし，イギリスがその約束を破ったため，ガンディーは非暴力・不服従運動で抵抗しました。

非暴力
不服従!!

ガンディー

第一次世界大戦

⚽ イギリスは1915年の フセイン・マクマホン (フサイン) 協定 で、アラブ人の独立国家建設を約束しながら、翌年オスマン帝国領のアラブ地域を英・仏・露で分割する協定を結びました（ サイクス・ピコ協定 ）。さらに1917年の バルフォア宣言 で、ユダヤ人がパレスチナに国家を建設することを認めるという、矛盾した対応をとりました。これが、現在まで続くパレスチナ問題の原因となりました。

🌙 急進派のネルーは プールナ＝スワラージ （完全独立）を宣言しました。ガンディーもイギリスによる塩の専売に反対する「 塩の行進 」という抵抗運動を行いました。

💤 寝る前にもう一度
⚽ トルコ共和国樹立，イギリスのフセイン・マクマホン協定とバルフォア宣言がのちのパレスチナ問題へ
🌙 インドでガンディーが非暴力・不服従運動

★ 今夜おぼえること

✪ アメリカは国際連盟へ加盟せず孤立主義，世界経済の中心に

　アメリカは，国際連盟の設立を提唱しながら議会の反対で加盟せず，孤立主義を貫きました。

☾ 大量生産・大量消費，映画やラジオなど大衆文化が発達，一方で禁酒法や移民法

　1920年代のアメリカでは，自動車会社フォードに代表される大量生産が始まり，大量消費の時代となりました。

第一次世界大戦

91

😺アメリカは第一次世界大戦で協商国（連合国）へ物資・資金を提供し、戦後は復興が遅れていたドイツにも資金を提供して、世界経済の中心となりました。

(Cynet Photo)

▲経済の中心となった1920年代のニューヨーク

ニューヨーク市のマンハッタンにある金融街をウォール街というよ。

🌙1920年代のアメリカでは都市の中間層が成長し、余暇にジャズ・ラジオ・映画などの 大衆文化 に触れられるようになりました。しかし、その一方で、禁酒法や移民を規制する移民法が制定されました。

💤寝る前にもう一度
- 😺アメリカは国際連盟へ加盟せず孤立主義，世界経済の中心に
- 🌙大量生産・大量消費，映画やラジオなど大衆文化が発達，一方で禁酒法や移民法

★ 今夜おぼえること

✪ 吉野作造の民本主義と美濃部達吉の天皇機関説，大正デモクラシーをけん引

　民衆のための政治を説いた吉野作造の民本主義は，普通選挙を求める人々に受け入れられました。

民本主義

吉野作造

普通選挙へGO!

☽ 米騒動で内閣退陣→原敬の政党内閣が成立

　1918年，シベリア出兵を見越した米の買い占めにより米価が急騰しました。これに不満をもった富山県の主婦たちによって始まった，米の安売りを求める米騒動が全国へ広がりました。

😺 第一次世界大戦以降，世界的に大衆の政治参加が進み，日本でも大衆運動で桂太郎内閣が倒れました（大正政変）。こうした中，民主的な政党政治や普通選挙などを求める風潮（大正デモクラシー）が広まりました。政治学者の吉野作造が唱えた民本主義と憲法学者の美濃部達吉による天皇機関説は，大正デモクラシーの理論的支柱となりました。

天皇機関説とは，「主権（統治権）は国家にあり，天皇はその国家の最高機関として，統治権を行使する」という考え方だよ。

🌙 寺内正毅内閣は，米騒動の責任をとって総辞職しました。これを受けて，閣僚の大部分を立憲政友会の党員が占める，初の本格的な政党内閣である原敬内閣が誕生しました。

原敬　内閣

多くが立憲政友会党員

大臣　大臣　大臣　大臣

💤 寝る前にもう一度

😺 吉野作造の民本主義と美濃部達吉の天皇機関説，大正デモクラシーをけん引

🌙 米騒動で内閣退陣→原敬の政党内閣が成立

★ 今夜おぼえること

✿護憲三派による第2次護憲運動

で，以後8年続く政党内閣出現

　非政党内閣の清浦奎吾
内閣に反発した護憲三派
は普通選挙の実現を掲
げ，第2次護憲運動をお
こしました。

ブー　ブー　ブー

清浦奎吾　　加藤　高橋　犬養

☽行く，25歳で普通選挙，
同時に成立する治安維持法

１９２５

　1925年に制定された
普通選挙法によって有
権者数は3倍以上に増
えました。しかし，女性
の選挙権は認められな
かったため，女性の参
政権を求める運動が広
がりました。

女性の
地位向上を！

そうよ　そうよ！

平塚らいてう

第一次世界大戦

✿1924年，立憲政友会・憲政会・革新倶楽部の 護憲

三派 が， 第2次護憲運動 をお

こし，非政党内閣を組閣した清浦

奎吾内閣を，退陣に追い込みまし

た。憲政会の加藤高明が護憲三

派連立内閣の首相となり，以

後8年間政党内閣の時代が続き

ました（「憲政の常道」）。

「憲政の常道」とは，
衆議院で多数を占める
政党の総裁が内閣を組
織することだよ。

☽加藤高明内閣は 1925 年，満25歳以上の男性に選

挙権を与える 普通選挙法 を成立させました。しかし同時

に，天皇制や私有

財産制度を否定す

る結社を処罰する

治安維持法 も成

立させました。これ

は，選挙権の拡大

によって社会主義が

公布年	総選挙実施年	公布時の内閣	選挙人	
			直接国税	性別年齢（歳以上）
1889	1890	黒田	15円以上	男性満25
1900	1902	山県	10円以上	男性25
1919	1920	原	3円以上	男性25
1925	1928	加藤(高)	制限なし	男性25
1945	1946	幣原	制限なし	男女20

▲男女の普通選挙実現までの流れ

政治に影響を与えることを恐れたためでした。

✿✿ 寝る前にもう一度

✿護憲三派による第2次護憲運動で，以後8年続く政党内
閣出現

☽行く，25(1925年)歳で普通選挙，同時に成立する治安維持法

第二次世界大戦

★ 今夜おぼえること

✿ （ゴロ合わせ）ニューヨークで株価大暴落，

世界恐慌でとくに苦しい

1929

1929年10月24日，ウォール街にあるニューヨーク株式市場で株価が大暴落し，アメリカ国内は深刻な不況に陥りました。

☽ アメリカはF.ローズヴェルトが

ニューディール，英・仏はブロック経済

アメリカ大統領となったフランクリン＝ローズヴェルトは，景気回復策としてニューディール（新規まき直し）と呼ばれる政策を実施しました。

97

☪アメリカの景気悪化は、当時アメリカから資金供与(きょうよ)を受けていたドイツに打撃を与えました。他のヨーロッパ諸国や日本にも影響が広がり、 世界恐慌 となりました。

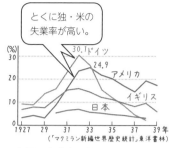

とくに独・米の失業率が高い。

▲各国の失業率の推移

（「マクミラン新編世界歴史統計」東洋書林）

🌙イギリスやフランスは、植民地と連携(れんけい)して自国経済を守ろうとする ブロック経済 化を進めました。社会主義国のソ連は、五か年計画で工業化を進めており、世界恐慌の影響をあまり受けませんでした。

···🌛寝る前にもう一度···

☪ニューヨークで株価大暴落，世界恐慌でとくに苦（1929年）しい

🌙アメリカはF.ローズヴェルトがニューディール，英・仏はブロック経済

第二次世界大戦

★ 今夜おぼえること

✪イタリアはムッソリーニが実権掌握

→エチオピア侵略

イタリアは第一次世界大戦の戦勝国でしたが，領土を拡大できませんでした。国民の不満が高まる中，ムッソリーニがファシスト党を結成し，「ローマ進軍」によって政権を掌握しました。

ローマに向かって進軍だ！

☽ドイツはナチ党のヒトラーが政権獲得，全権委任法で独裁

ドイツでは第一次世界大戦後，民主的なヴァイマル憲法が制定されました。しかし世界恐慌で国民が苦しむ中，巧みな宣伝で支持を広げたヒトラー率いるナチ党が政権を獲得しました。

フューラー（総統）と呼んでくれ！

☾ (ムッソリーニ)の ファシスト党は, ナショナリズムや 反共産主義を掲 げ侵略や暴力に よる国民統合を はかる ファシズム 体制を確立し, やがて エチオピア を侵略しました。

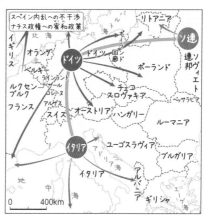

▲欧州諸国による侵略

☽ ヒトラー 率いるナチ 党は, 政権獲得後, 全権委任法 によって 一党独裁を確立しま した。再軍備宣言や

年	できごと
1932	ナチ党が第一党に
1933	ヒトラーが首相に。全権委任法
1935	再軍備宣言
1936	ロカルノ条約を破棄，ラインラ ント進駐

ラインラント進駐を行い, ヴェルサイユ体制 を崩壊させる とともに, ユダヤ人 に対する迫害なども行いました。

💤 寝る前にもう一度

☾ イタリアはムッソリーニが実権掌握→エチオピア侵略
☽ ドイツはナチ党のヒトラーが政権獲得，全権委任法で
　独裁

100

★今夜おぼえること

✿世界恐慌，金解禁が重なり日本は昭和恐慌（しょうわきょうこう）に

1929年にアメリカで始まった不況は世界各地に広がり，日本では昭和恐慌がおこりました。

倒産　価格暴落　失業　ききん

☽ いくさを防ぐロンドン海軍軍備制限条約（1930）も，統帥権（とうすいけん）の干犯（かんぱん）との批判（ひはん）

浜口雄幸（はまぐちおさち）内閣がロンドン海軍軍備制限条約を締結したことに対して，海軍や右翼（うよく）などが天皇の統帥権を犯す行為（統帥権の干犯）だとして批判しました。

❀ 1929 年に立憲民政党の**浜口雄幸**内閣が成立しました。翌年には経済の回復のために**金輸出解禁（金解禁）**を行い，金本位制を復活させて，緊縮財政を断行しました。

しかし 世界恐慌 の影響をまともに受けて 昭和恐慌 とよばれる大不況になり，都市には失業者があふれ，農家の経営も苦しくなりました。

◗ 日本は不戦条約に参加しましたが，一方で満洲での権益を守るために軍事介入し，さらに**張作霖爆殺事件**をおこしました。浜口内閣は，1930 年に ロンドン海軍軍備制限条約 を締結しましたが，軍を統帥する天皇に対する 統帥権の干犯 であると激しい非難をあびました。

干犯とは，干渉してほかの権利をおかすという意味だよ。

😴 寝る前にもう一度

❀ 世界恐慌，金解禁が重なり日本は昭和恐慌に

◗ いくさを（1930年）防ぐロンドン海軍軍備制限条約も，統帥権の干犯との批判

第二次世界大戦

★今夜おぼえること

☆🎵柳条湖事件は軍部独裁の きざし，満洲事変勃発す

1931

中国によって満洲における日本の権益がおびやかされると考えた関東軍は，南満洲鉄道の線路を自ら爆破しました（柳条湖事件）。

中国軍のしわざだ

☾政党政治に不満で，犬養毅首相 暗殺した五・一五事件

満洲国の承認に消極的だった犬養毅首相を，1932年5月15日，海軍の青年将校たちが暗殺しました（五・一五事件）。

話せばわかる

問答無用

✿中国国民政府の国権を取り戻す動きに対し，関東軍は満洲の占領を狙い，1931年に南満洲鉄道の線路を自ら爆破しました（柳条湖事件）。これを中国軍によるものとして攻撃を始め，満洲全域を占領しました（満洲事変）。

▶満洲への日本軍の侵攻

☽このころ，日本国内では政党政治に不満をもつ軍の青年将校や右翼によるクーデタ計画やテロの動きも活発化していました。五・一五事件によって，政党内閣が終わり，軍部の力はさらに強くなりました。

政治家もテロを恐れて軍に逆らえなくなったんだ。

💤寝る前にもう一度

✿柳条湖事件は軍部独裁（1931年）のきざし，満洲事変勃発す

☽政党政治に不満で，犬養毅首相暗殺した五・一五事件

第二次世界大戦

★ 今夜おぼえること

☆☆ リットン報告書により，満洲国は認められず日本は国際連盟脱退

1932年，日本の陸軍は清朝最後の皇帝だった溥儀を執政（後に皇帝）とし，満洲国の建国を宣言しました。表向きは独立国でしたが，実際は日本の支配下に置かれていました。

溥儀　　　関東軍

☽ 陸軍の青年将校たちが，ひどく寒い日おこす二・二六事件

1 9 36

天皇中心の政府をめざした一部の陸軍の青年将校が，首相官邸や警視庁などを占拠しました。

105

😺1932年, 日満議定書が締結され, 日本は満洲国を
承認しました。しかし, 国際連盟は派遣したリットン調査
団の報告書にもとづき,
満洲国を承認せず, 日
本軍撤兵を勧告しました。
この勧告に不服だった日
本は国際連盟を脱退し
ました。

🌙1936年, 国家改造をめざした陸軍の青年将校たちが
決起し, 軍事政権の樹立を図る二・二六事件をおこし
ました。高橋是清大蔵
大臣らを殺害したこのク
ーデタは鎮圧されたもの
の, その後は陸軍の政治
的発言力が強まりました。

こうして, 日本は軍部
が主導する体制へ傾い
ていったよ。

💤寝る前にもう一度
😺リットン報告書により, 満洲国は認められず日本は国際
連盟脱退
🌙陸軍の青年将校たちが, ひどく寒 (1936年) い日おこす
二・二六事件

★今夜おぼえること

☆盧溝橋事件おこり，いくさ長び
1937

く日中戦争

　中国では抗日運動が高まり，中国共産党と対立していた中国国民党の蔣介石は，西安事件を経て共産党との協力体制を築きました。

抗日民族統一戦線

●いくさやまずに総力戦体制，
1938

国家総動員法制定す

　日本国内では，中国との戦争への国民の協力を促すため，総力戦の体制が整えられました。

この戦争は「聖戦」だ!!

✿中国で抗日運動が激しくなったのに対し，関東軍は中国北部（華北）への進出を始めました。1937年，北京郊外で 盧溝橋事件 がおこると，近衛文麿内閣は軍部におされて華北への派兵を決定し，日中戦争に突入しました。

▶日中戦争の広がり

☾日中戦争がおこると近衛文麿内閣は，国民を戦争に協力させる国民精神総動員運動を展開しました。1938年には，国家総動員法を制定し，議会の同意なしに物資や労働力を戦争に動員できるようになりました。翌年には国民徴用令が出されました。

日中戦争は長引いて，次第に泥沼化していったよ。

･･💤寝る前にもう一度･･･････････････

✿盧溝橋事件おこり，いくさ長（1937年）びく日中戦争
☾いくさや（1938年）まずに総力戦体制，国家総動員法制定す

★ 今夜おぼえること

☆ミュンヘン会談でドイツの要求を承認→チェコスロヴァキアを解体

ドイツは，オーストリアを併合した後，チェコスロヴァキアに対してズデーテン地方の割譲を要求。ミュンヘン会談ではイギリスやフランスが宥和政策によってこの割譲を認めました。

▶ドイツの領土拡大

●ドイツのポーランド侵攻でイギリス・フランスが宣戦，第二次世界大戦が勃発

ドイツは英仏に不信感を持つソ連と独ソ不可侵条約を結び，ポーランドに侵攻。これに対し英・仏が宣戦して第二次世界大戦が始まりました。

🌙 ミュンヘン会談で要求が認められた後、ドイツは チェコスロヴァキア を解体して支配下におき、ポーランドに領土の一部を要求しました。

宥和政策をとったのは、社会主義国のソ連を抑え込むためだったんだ。

🌙 開戦後、ドイツとソ連がポーランドを分割。まもなくドイツはパリを占領し、フランスは降伏しました。しかし、亡命したフランスの将軍 ド=ゴール が 抵抗運動（レジスタンス）を呼びかけました。1941年、ドイツは独ソ不可侵条約を破棄して 独ソ戦 を始めました。

凡例
■ 1939年8月までの枢軸国
■ 1941年までに枢軸国に参加した国
■ 1942年の枢軸軍最大占領地
□ 連合国
□ 中立国

▲第二次世界大戦中のヨーロッパ

···😪 寝る前にもう一度·········

🌙 ミュンヘン会談でドイツの要求を承認→チェコスロヴァキアを解体

🌙 ドイツのポーランド侵攻でイギリス・フランスが宣戦、第二次世界大戦が勃発

第二次世界大戦

★ 今夜おぼえること

✪ 日独伊三国同盟 → 日ソ中立条約でアメリカに強硬姿勢

イタリアが連合国に宣戦した1940年，日独伊三国同盟が結成されました。日本は泥沼化した日中戦争の状況を打開するため，資源を確保しようと南方に向かい，日本とアメリカとの関係が悪化しました。

▲日独伊三国同盟 　　　　　（PPS 通信社）

☽ 真珠湾攻撃で太平洋戦争開始 → 東南アジア制圧 → 大東亜共栄圏表明

しんじゅわん

だいとう あ きょうえいけん

日本がハワイの真珠湾とイギリス領のマレー半島を奇襲し，アメリカ・イギリスに宣戦し太平洋戦争が始まりました。ドイツ・イタリアもアメリカに宣戦したことで，ヨーロッパの戦争とも結びつきました。

★今夜のおさらい

😺日本は北方を警戒して「日ソ中立条約」を締結し，東南アジアへ進出しました。一方で日米交渉により戦争を回避しようとしましたが，アメリカが日本への石油輸出を禁止すると，交渉は決裂しました。

日本がインドシナ南部に進駐したことにより，アメリカは石油などの禁輸を行ったんだよ。

🐾東南アジアのほぼ全域を占領した日本は，アジアを欧米列強による植民地支配から解放するとした「大東亜共栄圏」の理念を掲げました。

→ 日本軍の進出　🏳1943年1月の日本軍の進攻線
➡ 連合国軍の反撃　✕ おもな戦場

ソヴィエト連邦　アッツ島　アリューシャン列島　モンゴル　満州国　中華民国　重慶　朝鮮　日本　東京　硫黄島　✕沖縄　ミッドウェー島　マリアナ諸島　ハワイ　フランス領インドシナ　✕フィリピン　グアム島　マーシャル諸島　✕ガダルカナル島　オーストラリア

▲太平洋戦争

💤寝る前にもう一度

😺日独伊三国同盟→日ソ中立条約でアメリカに強硬姿勢

🐾真珠湾攻撃で太平洋戦争開始→東南アジア制圧→大東亜共栄圏表明

第二次世界大戦

★今夜おぼえること

✪日本はミッドウェー海戦で敗北→

本土空襲(くうしゅう)→沖縄戦(おきなわ)

アジア・太平洋では，当初日本が優勢に戦いを進めましたが，ミッドウェー海戦での敗北をきっかけに戦局は不利になりました。アジアの各地で厳しい統治を行ったため，抵抗運動が起こりました。

第二次世界大戦時の国際関係

ソ連　中国　ABCD包囲網
独ソ不可侵条約　日ソ中立条約　日中戦争
ドイツ　アメリカ
日独伊防共協定　日本
日独伊三国同盟
イタリア　イギリス　オランダ

☽独ソ戦→ドイツはスターリングラードの

戦いで敗北→ノルマンディー上陸作戦

ドイツはヨーロッパをほぼ征服しました。支配地域ではユダヤ人への迫害がエスカレートし，強制収容所では虐殺(ぎゃくさつ)が行われました。

早く行け

💥 サイパン島がアメリカ軍に占領されると, 日本の本土への 空襲 が始まりました。翌年にはアメリカ軍が 沖縄 へ上陸し, 多くの民間人が戦闘の犠牲になりました。

（Alamy／PPS通信社）

▲東京大空襲での被害

🌙独ソ戦では, 激戦となった スターリングラードの戦い でドイツ軍が敗北したことで, 以降は連合国軍が優勢となりました。やがてフランス北部の ノルマンディー地方に連合国軍が上陸 し, ドイツは東西からはさみうちされるようになりました。

▲ノルマンディー上陸

💤 寝る前にもう一度

💥 日本はミッドウェー海戦で敗北→本土空襲→沖縄戦

🌙 独ソ戦→ドイツはスターリングラードの戦いで敗北→ノルマンディー上陸作戦

49. ヨーロッパでの戦いの終結

□ 月 日
□ 月 日

第二次世界大戦

★ 今夜おぼえること

✪ヤルタ会談でドイツの戦後処理，ソ連の対日参戦が決まる

大戦中の1941年，アメリカとイギリスの首脳は大西洋上で会談し大西洋憲章を発表，すでに戦後秩序の構想を明らかにしていました。

☽ムッソリーニが失脚しイタリア降伏，ヒトラーが自殺しドイツ降伏

連合国軍が北アフリカを制圧，続いてシチリア島に上陸するとムッソリーニ政権が倒れ，イタリアは降伏しました。

年	月	できごと
1943	2	独，スターリングラードで大敗
	9	イタリアが降伏
	11	カイロ会談（対日方針の決定）
	11〜12	テヘラン会談（対独方針の決定）
1944	6	連合国軍，ノルマンディーに上陸
1945	2	ヤルタ会談（ソ連の対日参戦の決定やドイツの戦後処理の決定）
	5	ドイツが降伏
	8	日本が降伏

😺 カイロ会談，テヘラン会談を経て，1945年，ドイツの降伏前に開かれたヤルタ会談では，ドイツの戦後処理と，ソ連による対日参戦が決まりました。

ヤルタ会談では，南樺太・千島列島をソ連が領有することが認められたんだ。

🌙 アメリカ・イギリス軍はノルマンディー上陸後にパリを解放し，西からドイツに迫りました。ソ連軍は東ヨーロッパの地域を解放しながら東からドイツに迫り

ました。追い込まれたヒトラーが自殺し，ベルリンが陥落するとドイツは降伏しました。

💤 寝る前にもう一度

😺 ヤルタ会談でドイツの戦後処理，ソ連の対日参戦が決まる

🌙 ムッソリーニが失脚しイタリア降伏，ヒトラーが自殺しドイツ降伏

★ 今夜おぼえること

✿ 米・英・中がポツダム宣言で無条件降伏を勧告（かんこく）

アメリカ・イギリス・ソ連がポツダム会談を行い，戦後処理方針などを話し合いました。ドイツは，アメリカ・イギリス・フランス・ソ連の四か国（しれんこう）に分割占領されることになりました。

> ポツダム宣言
>
> 6. 日本国民をだまし，世界征服へと導いた者の権力と勢力を除去する。
>
> 13. われらは，日本国政府が軍隊の無条件降伏を宣言することを求める。…
>
> （一部要約・抜粋）

☾ アメリカの原爆（げんばく）投下・ソ連の参戦 → ポツダム宣言を受け入れ

アメリカは，1945年8月6日に広島，8月9日長崎に原子爆弾を投下しました。

117

❀劣勢になった日本に対して、アメリカ・イギリス・中国が ポツダム宣言 を発表し、無条件降伏を呼びかけました。

ポツダム宣言発表時，ソ連とはまだ日ソ中立条約を締結していたよ。

☾ ソ連 は 8月8日に日ソ不可侵条約を破って日本に宣戦布告し、満洲や南樺太に攻め込みまし

た。そして8月14日、日本はポツダム宣言の受け入れを決め、15日に昭和天皇のラジオ放送（玉音放送）で国民に伝えられました。

…☽ 寝る前にもう一度

❀米・英・中がポツダム宣言で無条件降伏を勧告

❍アメリカの原爆投下・ソ連の参戦→ポツダム宣言を受け入れ

★ 今夜おぼえること

😊プロ合わせ 大西洋憲章→サンフランシスコ 会議→行くよ国際連合発足

1945

大戦中から戦後の国際秩序についての話し合いが行われ，ドイツの降伏後に，サンフランシスコ会議で国際連合憲章が採択されました。

🌙西側：トルーマン＝ドクトリンとマーシャル＝プランvs東側：コミンフォルムとコメコン→冷戦

資本主義陣営のアメリカは，ヨーロッパでのソ連の勢力拡大を防ぐためにトルーマン＝ドクトリン，ヨーロッパ諸国の復興を助けるためにマーシャル＝プランを発表しました。

トルーマン＝ドクトリン
マーシャル＝プラン
コミンフォルム
西
東
VS
資本主義陣営
社会主義陣営

戦後の世界と日本

♣ **国際連合**は世界の平和を維持するための組織で、**総会**や**安全保障理事会**のほか、

(年)	南北アメリカ	ヨーロッパ	アジア	アフリカ	オセアニア	
1945	22	14	9	4	2	総数51
1955	22	26	21	5	2	76
1960	22	26	23	26	2	99
2022	35	43	47	54	14	193

▲国際連合の加盟国の推移

多くの**専門機関**からなります。安全保障理事会の**常任理事国**（米・英・仏・ソ・中の五大国）には、**拒否権**が与えられました。

🌙 **社会主義陣営のソ連**は、各国の共産党の情報交換機関として**コミンフォルム**を、経済協力機構として**経済相互援助会議（COMECON）**を結成。

ヨーロッパ大陸に「鉄のカーテン」が降りてしまった。

イギリス
チャーチル

東側
西側

アメリカとソ連の対立が表面化し、「**冷戦**」と呼ばれる状態になりました。

…💤寝る前にもう一度…
♣ 大西洋憲章→サンフランシスコ会議→**行くよ国**（1945年）際連合発足
🌙 西側：トルーマン=ドクトリンとマーシャル=プランvs東側：コミンフォルムとコメコン→冷戦

★ 今夜おぼえること

✪ 共産党が勝利し中華人民共和国成立，敗れた国民党は台湾へ

第二次世界大戦後，中国では共産党が国民党との内戦に勝利し，毛沢東を主席，周恩来を首相とする中華人民共和国が成立しました。

1949年

中華人民共和国成立!!

毛沢東主席　　周恩来首相

☾ 朝鮮半島は米・ソが分割占領→韓国と北朝鮮が成立し，朝鮮戦争へ

朝鮮半島は北緯38度線を境に北部をソ連，南部をアメリカが占領。1948年には，南に大韓民国（韓国），北に朝鮮民主主義人民共和国（北朝鮮）が成立しました。

北朝鮮

金日成

38°

アメリカが支持

韓国

中国が支持

李承晩

戦後の世界と日本

121

✿ 蔣介石が率いる国民党は台湾にのがれ、 中華民国

政府を維持しました。
アメリカは中華民国を
支持し、国連における
中国の代表権は中華
民国がもちました。いっ
ぽう中華人民共和国
はソ連の支援を受け、
社会主義国家の建設
を進めました。

支持

蔣介石

支持

中華人民
共和国

中華民国（台湾）

☽ 1950年、南北統一を掲げて
北朝鮮軍が韓国に攻め込み、
朝鮮戦争 が始まりました。米軍
を中心とする 国連軍 が韓国を、
中華人民共和国の人民義勇軍
が北朝鮮を支援し、決着が付
かないまま休戦協定が結ばれて
分断が固定化しました。 ▶朝鮮戦争

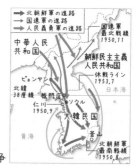

➡ 北朝鮮軍の進路
➡ 国連軍の進路
➡ 人民義勇軍の進路

中華人民
共和国

ピョンヤン

北緯
38度線 板門店

仁川
1950.9

黄海

釜山

国連軍
最北戦線
1950.11

朝鮮民主主義
人民共和国

休戦ライン
1953.7

日本海

ソウル

大韓民国

北朝鮮軍
最南戦線
1950.8

💤 寝る前にもう一度

✿ 共産党が勝利し中華人民共和国成立、敗れた国民党は台
湾へ

☽ 朝鮮半島は米・ソが分割占領→韓国と北朝鮮が成立し、
朝鮮戦争へ

★ 今夜おぼえること

❀ベトナムはインドシナ戦争で

南北分断

日本の敗戦後，ベトナムでは
ホー＝チ＝ミンがフランスからの
独立を宣言し，ベトナム民主共
和国を建てました。

ホー＝チ＝ミン

帝国主義の日本，
フランスから
独立したぞ！

☽中・ソが北ベトナムを支援，米が

南ベトナムを支援しベトナム戦争

1965年，南ベトナムを
支援するアメリカは北ベ
トナムへの爆撃（北爆）
を開始しました。中・ソ
の支援を受けた北ベトナ
ムとつながる南ベトナム
解放民族戦線がゲリラ戦
を展開したため，ベトナ
ム戦争が泥沼化しまし
た。

戦後の世界と日本

123

❈ベトナム民主共和国とその独立を認めない**フランス**との間で武力衝突が起こりました（インドシナ戦争）。1954年のジュネーヴ休戦協定によってフランス軍は撤退、ベトナムは北緯17度線を境に南北で分断されました。

フランス撤退後、社会主義勢力の拡大を恐れたアメリカが南部のベトナム共和国を支援したんだね。

☽アメリカ国内でも反戦の世論が高まり、ベトナム（パリ）和平協定でアメリカ軍はベトナムから撤退しました。その後北ベトナムの主導により南北統一が実現し、ベトナム社会主義共和国が成立しました。

STOP 北爆！

戦争から手を引け！

💤寝る前にもう一度
- ❈ベトナムはインドシナ戦争で南北分断
- ☽中・ソが北ベトナムを支援、米が南ベトナムを支援しベトナム戦争

★今夜おぼえること

😺インドとパキスタンがイギリスから独立

　独立運動が盛んだったインドでは，大戦後，ヒンドゥー教徒が多いインドと，ムスリムが多いパキスタンに分かれて独立しました。

▶インドとパキスタンの分離・独立と住民の移動（1947年）

🌙スカルノが指導し，インドネシアがオランダから独立

　東南アジアでは，フィリピンがアメリカから，ビルマ（現在のミャンマー）がイギリスから，それぞれ独立しました。

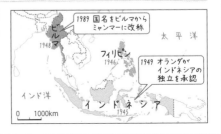

戦後の世界と日本

125

✿ 独立後インドとパキスタンは カシミール地方 の帰属をめぐって戦争を行いました。東パキスタンの独立問題にインドが介入して起こった第3次 インド=パキスタン戦争 の結果，バングラデシュ が成立しました。

ジンナー
パキスタン建国に尽力しました。

ネルー
インド初代首相となりました。

ガンディー
ヒンドゥー教徒に暗殺されました。

☾ インドネシアでは，スカルノ が指導者となって独立を宣言しました。これに反対した オランダ との間で戦争になりましたが，独立を達成しました。

初代大統領になり，1955年のアジア=アフリカ会議を主催しました。

😴 寝る前にもう一度
✿ インドとパキスタンがイギリスから独立
☾ スカルノが指導し，インドネシアがオランダから独立

★ 今夜おぼえること

✪連合国軍最高司令官総司令部 (GHQ/SCAP)

より五大改革指令, 日本の民主化始まる

1. 婦人 (女性) 参政権の付与
2. 労働組合の結成奨励
3. 教育制度の自由主義的改革
4. 秘密警察などの廃止
5. 経済機構の民主化

マッカーサー

戦後の世界と日本

☽天皇が「人間宣言」出し神格否定,

日本国憲法で象徴天皇制に

　日本はGHQの憲法
改正案を取り入れ,
天皇は政治的権限を
もたないこと (象徴
天皇制) などを含ん
だ日本国憲法を制定
しました。

【日本国憲法】
第1条　天皇は, 日本国の象徴であり…
第4条　①天皇は, この憲法の定める国
　　　　事に関する行為のみを行ひ, 国
　　　　政に関する権能を有しない。

✿ マッカーサー を最高司令官とする 連合国軍最高司令官総司令部 (GHQ/SCAP) が東京におかれ，日本政府を介した間接統治（せんりょう）の手法で占領政策が始まりました。日本の民主化に着手し，女性参政権の実現や戦争責任の追及（極東国際軍事裁判〈東京裁判〉）が行われました。

🌙 1946年1月，天皇は自らの神格（しんかく）を否定する「人間宣言」を出しました。新しい憲法を制定する作業も進められ，1946年11月3日，国民主権・象徴天皇（しょうちょう）制・戦争放棄（ほうき）などを盛り込んだ 日本国憲法 が公布，翌年5月3日に施行されました。

このときに決まった憲法の内容は，今まで一度も改正されたことがないよ。

💤 寝る前にもう一度
✿ 連合国軍最高司令官総司令部 (GHQ/SCAP) より五大改革指令，日本の民主化始まる
🌙 天皇が「人間宣言」出し神格否定，日本国憲法で象徴天皇制に

★今夜おぼえること

☆持株売却命じた財閥解体、

2年後独占禁止法も成立

GHQは、経済の民主化として、軍国主義を支えた財閥の解体に着手しました。

財閥

会社 会社
会社 会社

解体

会社 会社 会社 会社 会社

戦後の世界と日本

●ゴロ合わせ 土地を得て自作農となった小作

人、ひどくよろこぶ農地改革
　　1 9 4 6

農村では、寄生地主制を解体する農地改革が行われました。政府が地主から買い取った土地を安価で小作人に売り渡したことで、自作農が増えました。

★今夜のおさらい

財閥解体(ざいばつかいたい)後，独占的大企業を分割する**過度経済力集中排除(はいじょ)法**，財閥の再形成の防止やカルテル，トラストの結成を禁止する**独占禁止法**が制定され，市場独占や不公正取引が禁止されました。

労使関係では，労働組合法・労働関係調整法・労働基準法が制定されたよ。

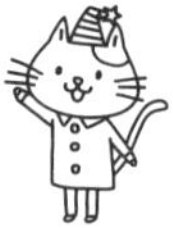

1947年に**教育基本(き)法(ほんぽう)**が制定され，教育の機会均等や男女共学，中学校までの義務教育などが定められました。**学校教育法**も制定され，教育の民主化が進められました。

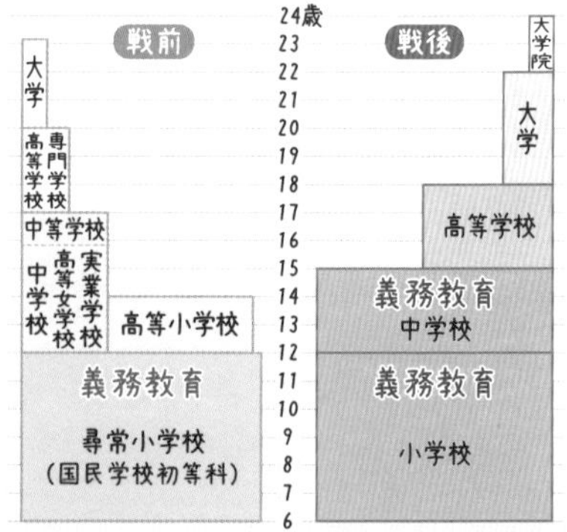

▲学制の変化

寝る前にもう一度

- 持株売却命じた財閥解体，2年後独占禁止法も成立
- 土地を得て自作農となった小作人，ひどくよろ（1946年）こぶ農地改革

★ 今夜おぼえること

✿ 🎲 朝鮮戦争開戦し，国連軍戦地
行く号令で特需景気に
1950

朝鮮戦争が開戦すると，日本はアメリカ軍用の軍需物資の生産などによって特需景気で活気づきました。

🌙 🎲 サンフランシスコ平和条約と同日に，
米軍駐留続けていく合意の日米安全
保障条約（日米安保条約）締結
1951

サンフランシスコ平和条約・日米安全保障条約を締結した翌年，日本は独立国として主権を回復しました。

吉田茂

冷戦

☆1948年，アメリカは占領政策を転換し，資本主義陣営の一員として日本の経済復興を目指しました。1949年に1ドル360円の単一為替レートと超均衡予算を設定すること（ドッジ＝ライン）で，日本国内でおこっていたインフレを収束させました。1950年には，GHQによって共産主義者の公職追放（レッド＝パージ）が行われ，警察予備隊が創設されました。

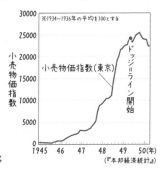

▶物価の推移

『本邦経済統計』

※1934～1936年の平均を100とする

小売物価指数（東京）

ドッジ＝ライン開始

1945 46 47 48 49 50(年)

☾1951年，日本は48か国とサンフランシスコ平和条約を締結しました。しかし，インドなどは講和会議に出席せず，ソ連などは条約に調印しませんでした。また同日，米軍駐留の継続を決めた日米安全保障条約（日米安保条約）も結ばれました。

中華人民共和国と中華民国は講和会議に招かれませんでした。

💤 寝る前にもう一度

☆朝鮮戦争開戦し，国連軍戦地行く号令(1950年)で特需景気に
☾サンフランシスコ平和条約と同日に，米軍駐留続けていく合意(1951年)の日米安全保障条約(日米安保条約)締結

132

★ 今夜おぼえること

❀西側：北大西洋条約機構（NATO）VS
ナトー

東側：ワルシャワ条約機構，ドイツの分断

冷戦下の軍事機
構として，西側が
北大西洋条約機構
（NATO）を，東側が
ワルシャワ条約機
構を結成しました。

凡例：
■ 北大西洋条約機構加盟国
■ ワルシャワ条約機構加盟国
― 鉄のカーテン（1946年）

▲第二次世界大戦後のヨーロッパ（1955年）

☾水爆開発→原水爆禁止世界大会
すいばく

で核開発に反対→ソ連がICBM開発

1950年代，米ソ両国は
相次いで水素爆弾の開発
に成功。アメリカが南太
平洋で行った水爆実験で
は，日本の漁船を含む多
くの漁船が被曝し，核廃
絶の声が高まりました。
ひばく　　　　　　　はい

冷戦

😺 ヤルタ会談によって
分割占領されたドイツ
は，ベルリン封鎖(ふうさ)をき
っかけに東西に分断さ
れました。首都ベルリ
ンも4区域に分割され，
西ベルリンを囲む

▲ドイツとベルリンの分割（1949年）

ベルリンの壁 が築かれて冷戦のシンボルとなりました。

◑ 第1回 原水爆禁止世界大会 が広島で，さらに世界
の科学者たちが核兵器の廃絶(はいぜつ)をうったえたパグウォッシュ会
議がカナダで開かれ，核
兵器禁止運動が広がり
ました。一方，ソ連が
ICBM を開発するなど，
核兵器開発競争は続きました。

ICBMは大陸間弾道ミ
サイルのことだよ。

💤 寝る前にもう一度

😺 西側：北大西洋条約機構（NATO）vs東側：ワルシャワ条
約機構，ドイツの分断
◑ 水爆開発→原水爆禁止世界大会で核開発に反対→ソ連が
ICBM開発

★ 今夜おぼえること

❀ソ連は中華人民共和国を支援，アメリカは日本や韓国，中華民国を支援

　ソ連と中華人民共和国は1950年に中ソ友好同盟相互援助条約を結び，東アジアにおいて西側諸国との対決姿勢を示しました。

▲中ソ友好同盟相互援助条約を記念して発行された切手（1950年）

☽ソ連のフルシチョフがスターリン批判，アメリカとの平和共存を唱え「雪どけ」

　1956年，ソ連共産党のフルシチョフ第一書記が，スターリン体制を批判し，第二次世界大戦後に始まった冷戦が緩和される気運が高まりました。

大量処刑を行ったスターリン体制を見直す！

フルシチョフ

冷戦

135

😊 中華人民共和国に危機感を覚えたアメリカは、国共内戦に敗れ台湾に逃れた国民党の蒋介石政権を 中華民国 政府として承認しました。さらに朝鮮戦争の休戦後も韓国を支援し続けました。

🌙 フルシチョフは西側諸国との 平和共存 をうったえ、この動きは「雪どけ」と呼ばれました。しかし、この状況は長くは続かず、その後は再び緊張状態に陥りました。

😴 寝る前にもう一度

😊 ソ連は中華人民共和国を支援、アメリカは日本や韓国、中華民国を支援

🌙 ソ連のフルシチョフがスターリン批判、アメリカとの平和共存を唱え「雪どけ」

★ 今夜おぼえること

☆第三世界諸国はアジア=アフリカ会議で 平和十原則,非同盟諸国首脳会議も開催

東西（米・ソ）どちらの陣営にも属さない勢力を第三世界（第三勢力）といい，1950年代に台頭しました。第三世界諸国は1955年，インドネシアのバンドンでアジア=アフリカ会議（バンドン会議）を開きました。

▲アジア゠アフリカ会議　(UIG/PPS通信社)

🌙 ゴロ合わせ アフリカは独立するのにひと苦労

1 9 60

1957年に，エンクルマ（ンクルマ）の指導でガーナが独立すると，アフリカで植民地の独立が相次ぎました。1960年は17か国が独立して，「アフリカの年」と呼ばれました。

アフリカ諸国よ！独立に向けて結集しよう！

▲エンクルマ（ンクルマ）

冷戦

137

😺1954年，中国の周恩来(しゅうおんらい)首相とインドのネルー首相が 平和五原則 を発表し，翌年にはアジア=アフリカ会議で平和十原則が発表されま

平和十原則で，反植民地主義や平和共存をうったえたんだ。

した。1961年にはユーゴスラヴィアのティトー大統領らの呼びかけで，第1回 非同盟諸国首脳会議 が開かれました。

🌙アフリカ諸国はアフリカ統一機構(OAU ，現在のアフリカ連合= AU)を結成して連帯を強め，アフリカの政治的・経済的統合をめざしました。しかし，コンゴ動乱など独立後も内戦やクーデタが頻発する国もありました。

エジプト

エチオピア

リベリア

南アフリカ

☐第二次世界大戦前の独立国
☐第二次世界大戦後の独立国
　（国名は省略）
　（国境線は現在のもの）
―1960年の独立国

▲第二次世界大戦後のアフリカ

😺第三世界諸国はアジア=アフリカ会議で平和十原則，非同盟諸国首脳会議も開催

🌙アフリカは独立するのにひと苦労（1960年）

★ 今夜おぼえること

☆ユダヤ人がイスラエル建国で第1次中東戦争，スエズ運河国有化でスエズ戦争（第2次中東戦争）

年	できごと
1948	イスラエル建国 第1次中東戦争（〜49）
1956	ナセルがスエズ運河国有化宣言 スエズ戦争（第2次中東戦争）（〜57）
1960	石油輸出国機構（OPEC）結成
1964	パレスチナ解放機構（PLO）結成
1967	第3次中東戦争
1973	第4次中東戦争→第1次石油危機が発生

☽第3次中東戦争でイスラエルの占領地拡大→第4次中東戦争で石油危機

国連による分割案（1947年）　第1次中東戦争後　第3次中東戦争後

- ■アラブ人の国
- ■ユダヤ人の国
- ■国際管理区域

- ■ヨルダンが占拠
- ■エジプトが占領
- ▬第1次中東戦争後の停戦ライン（1949年）（イェルサレムは東西に二分）

- ■第3次中東戦争による占拠地（のち返還）
- ■1978〜2000年に南レバノン軍と共同して占拠
- ■第3次中東戦争後イスラエルが占領中の地域

冷戦

139

✪1948年のイスラエル建国にアラブ諸国が反対し，第1次中東戦争がおこりました。1956年には，エジプトが スエズ運河 の国有化を宣言し，英・仏・イスラエルとの間で スエズ戦争 （第2次中東戦争）がおこりました。

スエズ運河を国有化します！

ナセル大統領

🌙1964年，パレスチナ解放をめざして パレスチナ解放機構 （PLO）が結成されました。1967年， 第3次中東戦争 でイスラエルがシナイ半島などを占領すると，奪還（だっかん）を求めて 第4次中東戦争 がおこり，アラブ産油国が原油生産を削減して石油危機が発生しました。

石油危機

アラブ諸国

日本ほか

輸出しないよ〜

トイレットペーパーがなくなる！！

💤 寝る前にもう一度
- ✪ユダヤ人がイスラエル建国で第1次中東戦争，スエズ運河国有化でスエズ戦争（第2次中東戦争）
- 🌙第3次中東戦争でイスラエルの占領地拡大→第4次中東戦争で石油危機

★ 今夜おぼえること

✿アメリカ，冷戦激化で日本に再軍備要望，自衛隊発足へ

冷戦が激しくなると，アメリカは日本に再軍備を求めました。日本はこれに応じ，1954年，陸・海・空の自衛隊が発足しました。

🌙ゴロ合わせ 日ソ共同宣言調印し，国際社会にいくころと国際連合加盟する

1956年，鳩山一郎内閣がソ連との国交回復交渉を行い，日ソ共同宣言に調印しました。その結果，常任理事国のソ連による拒否権発動という障害がなくなり，日本の国際連合加盟が実現しました。

鳩山一郎　　ブルガーニン

冷戦

141

🌓 1950年に朝鮮戦争が始まると，日本はGHQの指令により警察予備隊を創設しました。警察予備隊は1952年に保安隊に改組され，1954年にはMSA協定の調印を受けて，自衛隊が発足しました。

年	できごと
1950	警察予備隊発足
1952	保安隊発足
1954	MSA協定締結，自衛隊・防衛庁発足
1992	国連平和維持活動（PKO）協力法成立
2007	防衛庁が防衛省に昇格

▲自衛隊の関連年表

🌙 国際連合加盟後，日米関係をより対等にすることをめざした岸信介内閣は，1960年に日米相互協力及び安全保障条約（新安保条約）に調印しました。しかし，条約に反対する運動が全国でおこり（安保闘争），条約批准後に岸内閣は総辞職しました。

デモ隊と警官隊が衝突して
死者も出たよ。

🌓 アメリカ，冷戦激化で日本に再軍備要望，自衛隊発足へ
🌙 日ソ共同宣言調印し，国際社会にいくころ（1956年）と国際連合加盟する

★ 今夜おぼえること

☆(ゴロ合わせ) 佐藤栄作内閣で人苦難にさよなら, 沖縄返還
1 9 7 2

1960年代後半, 佐藤栄作内閣は「核兵器をもたず, つくらず, もち込ませず」の非核三原則を政府の基本方針として掲げました。

☾ 韓国とは日韓基本条約調印, 中華人民共和国とは日中共同声明で国交正常化

1965年, 佐藤栄作内閣が韓国の朴正熙政権と日韓基本条約を結びました。これにより, 戦前の諸条約は無効とされ, 日本は韓国を朝鮮半島で唯一の合法的な政府と認めました。

佐藤栄作　　　　　朴正熙

冷戦

143

♣1971年に佐藤内閣はアメリカと 沖縄返還協定 に調印,翌年沖縄が日本に返還されました。しかし,沖縄の米軍基地は維持されることになりました。

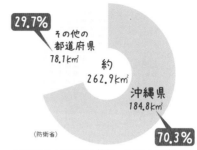

29.7%
その他の都道府県
78.1km²

約262.9km²

沖縄県
184.8km²

〈防衛省〉

70.3%

▲在日アメリカ軍の施設・区域の分布
（2021年3月）

☽1972年,田中角栄首相が中国を訪問し, 日中共同声明 に調印しました。これにより日中国交正常化が実現しました。さらに1978年には,福田赳夫内閣が 日中平和友好条約 に調印しました。

友達一♪　仲よし一♪

♣佐藤栄作内閣で人苦難に（1972年）さよなら,沖縄返還

☽韓国とは日韓基本条約調印,中華人民共和国とは日中共同声明で国交正常化

★ 今夜おぼえること

🌸高度経済成長の最中，池田勇人<ruby>池田勇人<rt>はやと</rt></ruby>内閣が所得倍増計画策定<ruby>所得倍増<rt>しょとくばいぞう</rt></ruby>

1960年に池田勇人内閣は，
10年間で国民総生産を倍増さ
せる所得倍増計画を閣議決定
しました。

2倍
—
!!

所得

池田勇人

🌙ゴロ合わせ高度経済成長に幕引く波来たる，第4次中東戦争をきっかけに第1次石油危機
　　　　　　　　　　　　　　1973

1973年の第4次中東
戦争によって石油価格
が急騰<ruby>急騰<rt>きゅうとう</rt></ruby>し，第1次石油
危機がおこりました。
日本ではトイレットペ
ーパーの買い占め騒動
に発展しました。

バッ

ペーパー

冷戦

☪1968年，日本は資本主義諸国の中でアメリカに次ぐ世界第2位の経済大国となりました。一方，農村や離島などでは過疎化，大都市圏では過密化が社会問題となりました。また，工業地帯・地域では公害が発生し，特に 四大公害 は深刻な被害を出しました。

▲四大公害とその発生地

🌑第1次石油危機により日本の高度経済成長は終わりました。これを機に日本ではエネルギー政策の見直しや省エネルギー化が進み，ハイテクノロジー化も加速しました。一方で，欧米諸国との 貿易摩擦 が深刻化しました。

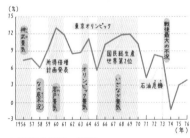

▲経済成長率の推移

〈2.2.2〉寝る前にもう一度

☪高度経済成長の最中，池田勇人内閣が所得倍増計画策定

🌑高度経済成長に幕引く波（1973年）来たる，第4次中東戦争をきっかけに第1次石油危機

★今夜おぼえること

✪キューバ革命→米ソ対立でキューバ 危機→回避(かいひ)しデタントへ

1959年，カストロらが指導するキューバ革命がおこりました。その後，ソ連がキューバにミサイル基地の建設を開始したため，米ソ間で核戦争の危機が高まりました。

キューバを社会主義国に！

アメリカ

キューバ

カストロ

☽中ソ関係の悪化→中ソ対立・中ソ国境紛争, 中国国内ではプロレタリア文化大革命

フルシチョフのスターリン批判後，中国とソ連の関係が悪化しました。1969年には中ソ国境紛争がおこり，両国とも死者を出す事態となりました。

国境

ソ連

中国

冷戦

😸アメリカの ケネディ 大統領は海上封鎖を行ってソ連に対

抗し、米ソは一触即発の状態でしたが、ソ連がミサイルを撤去して戦争は回避されました。その後、米ソはデタント（緊張緩和）に向かいました。

☽中国では、毛沢東が始めた 大躍進 政策が失敗したため、劉少奇・鄧小平が台頭しました。しかし毛沢東が プロレタリア文化大革命 を開始し、劉少奇らを失脚させました。

💤寝る前にもう一度

😸キューバ革命→米ソ対立でキューバ危機→回避しデタントへ

☽中ソ関係の悪化→中ソ対立・中ソ国境紛争、中国国内ではプロレタリア文化大革命

148

★ 今夜おぼえること

✪アメリカの国際収支が赤字→ドル＝ショック，変動相場制へ

西ヨーロッパや日本の経済発展などでアメリカの国際収支は赤字に転落。1971年，ニクソン大統領は金とドルの交換を停止しました。これを，ドル＝ショックといいます。

（円／ドル）

円高

SHOCK

☽アメリカの赤字拡大→プラザ合意→日本でバブル経済

日本や西ドイツがアメリカへの輸出を増加させる一方，アメリカは財政赤字と貿易赤字の双子の赤字に苦しみました。

日本車を壊せ！

冷戦

149

✪ドル=ショックの後，国際的な通貨制度は固定相場制から 変動相場制 に移行し，混乱が続きました。並行して石油危機もおこったため，主要先進国は1975年から先進国首脳会議（ サミット ）を毎年開催するようになりました。

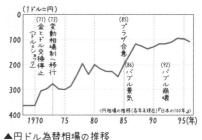

▲円ドル為替相場の推移

☽1985年の プラザ合意 により世界経済はドル安に転換しました。日本では内需拡大のための規制緩和が行われ，地価や株価が高騰する バブル経済 の原因となりました。

★ 今夜おぼえること

✿アジアNIES（ニーズ）の工業化が進み，ASEAN（アセアン）加

盟国も経済成長

1970年代はアジアでも工業化が進みました。特に韓国，台湾，香港，シンガポールなどの国・地域はめざましい発展をとげ，アジアNIES（新興工業経済地域）と呼ばれるようになりました。

▲アジアNIES

☽中国やベトナムで改革開放政策が

展開

文化大革命終了後，中国では，鄧小平（とうしょうへい）を中心とする指導部が「四つの現代化」を掲げて，改革開放政策を推進しました。

鄧小平

四つとは
「農業・工業・
国防・科学技術」
のこと。

冷戦

151

♣社会主義勢力に対抗する目的などから、1967年に発足した 東南アジア諸国連合(ASEAN)

▲ ASEAN加盟国(2022年現在)

の国々も、アメリカや日本の援助を背景に経済発展が進みました。

☽中国は共産党の一党独裁体制を維持しつつ、経済特区を設置するなどして市場経済を導入しました。ベトナムでも市場経済導入や対外経済開放などの ドイモイ (刷新)政策がとられました。

市場開放！

ベトナム　中国

♣アジアNIESの工業化が進み、ASEAN加盟国も経済成長
☽中国やベトナムで改革開放政策が展開

冷戦後の世界

★今夜おぼえること

🌟😊東西仲よくしていく約束，マルタ会談で冷戦終結

1 9 89

ペレストロイカ
（改革）だよ！

グラスノスチ
（情報公開）

ゴルバチョフ

　ソ連共産党書記長のゴルバチョフは，ペレストロイカ（たて直し・改革）を実施してグラスノスチ（情報公開）を進め，西側諸国との関係改善につとめました。

🌙ドイツは東西統一，ソ連は崩壊

　ソ連の改革は東ヨーロッパ諸国に大きな影響を与え，各国で相次いで共産党政権が倒れました。ドイツではベルリンの壁が壊され，翌年，東西ドイツが統一されました。

153

ブッシュ(父)　ゴルバチョフ

☆ ゴルバチョフ はアメリカのブッシュ（父）大統領と マルタ島で会談 し，冷戦の終結を宣言しました。さらにソ連国内の共産党一党支配が終わり，コメコンやワルシャワ条約機構が解散したため，東ヨーロッパの社会主義圏は消滅しました。

▲旧ソ連を構成した15共和国と独立国家共同体

🌙 ソ連の国内では民族問題が表面化し，バルト3国をはじめとして自立の動きが強まりました。1991年，ロシア連邦 を中心に独立国家共同体（CIS）が創設され，ソ連は解体されました。

💤 寝る前にもう一度

☆ 東西仲よくしていく約（1989）束，マルタ会談で冷戦終結

🌙 ドイツは東西統一，ソ連は崩壊

154

冷戦後の世界

★ 今夜おぼえること

❀EECなどを母体にEC結成→マーストリ

ヒト条約でEU発足，共通通貨ユーロ

西ヨーロッパの経済復興をはかるためにフランス，イタリアな

どが結成したヨーロッパ
石炭鉄鋼共同体（ECSC），
ヨーロッパ経済共同体
（EEC），ヨーロッパ原子力
共同体（EURATOM）の3つ
が，ヨーロッパ共同体
（EC）に発展しました。

年	できごと
1952	ヨーロッパ石炭鉄鋼共同体 結成
1958	ヨーロッパ経済共同体 結成
	ヨーロッパ原子力共同体 結成
1967	ヨーロッパ共同体 結成
1992	マーストリヒト条約 調印
1993	ヨーロッパ連合（EU）結成

☽貿易の自由化：GATT→WTO，地域

統合：APEC，NAFTAなど

第二次世界大戦後，自由
貿易を進める機関として関
税及び貿易に関する一般協
定（GATT）が創設されまし
た。これにかわり，1995年
には世界貿易機関（WTO）
が発足しました。

G7やG20による首脳会議も
開かれているよ。

☪1993年，[マーストリヒト条約]が発効してECは[ヨーロッパ連合（EU）]に発展しました。その後多くの国が共通通貨[ユーロ]を導入，経済統合や政治統合をめざしました。

▲ EU加盟国の拡大

※イギリスは2020年にEUを離脱

🌙1989年にアジア太平洋経済協力（[APEC]）が発足し，地域経済協力をめざしました。アメリカはカナダ・メキシコと北米自由貿易協定（[NAFTA]）

APEC

日本，アメリカ，カナダ，ロシア，オーストラリア，ニュージーランド，韓国，シンガポール，マレーシア，インドネシア，フィリピン，タイ，ブルネイ，ベトナム，中国，台湾，香港，メキシコ，チリ，パプアニューギニア，ペルーの21の国・地域

☐ APEC加盟国
☐ NAFTA加盟国

▲ APECとNAFTA加盟国（2015年）

を結びました（2020年にUSMCAに移行）。

💤寝る前にもう一度

☪EECなどを母体にEC結成→マーストリヒト条約でEU発足，共通通貨ユーロ

🌙貿易の自由化：GATT→WTO，地域統合：APEC，NAFTAなど

★ 今夜おぼえること

冷戦後の世界

✿ フィリピンやインドネシアでは長期独裁政権打倒，中国では天安門事件

アジアの経済成長は，人々の民主化への動きを加速させました。1980〜90年代，フィリピンやインドネシアでは長く続いた独裁政権が倒されました。

中国

0   1000km

天安門事件

フィリピン
アキノ政権
誕生

アジア通貨危機
→スハルト政権
崩壊

インドネシア

☽ 南アフリカでは長年続いたアパルトヘイトが撤廃

20世紀初めにイギリスから独立した南アフリカでは，白人を優遇し，有色人種に対するアパルトヘイトと呼ばれる人種隔離政策を行いました。

白人用   非白人用

▶人種により区別された出入り口

😊 各国が民主化す
る一方，中国では
共産党が支配体制
の維持をはかり，
1989年に民主化を
求める学生や市民
のデモを武力で弾圧
しました（天安門事件）。

武力で民衆を弾圧
するなんて！！

🌙 1991年，南アフ
リカでは白人政権が
アパルトヘイト を廃
止しました。その後，
全人種による選挙
が実施され，反ア
パルトヘイト運動の
指導者であった マンデラ が大統領に選ばれました。

長期間，収監
されていたけど，
アパルトヘイト
撤廃が実現
できて
よかった…。

ホッ

マンデラ

💤 寝る前にもう一度

😊 フィリピンやインドネシアでは長期独裁政権打倒，中国
では天安門事件

🌙 南アフリカでは長年続いたアパルトヘイトが撤廃

冷戦後の世界

★ 今夜おぼえること

✪ユーゴスラヴィア解体，パレスチナでは協定後も対立

冷戦終結をきっかけにボスニア=ヘルツェゴヴィナやコソヴォで激しい民族紛争がおこり，ユーゴスラヴィアは解体されました。

▲ユーゴスラヴィアの解体

☾中東ではイラン=イラク戦争→湾岸戦争→2001年の同時多発テロを契機に対テロ戦争

イラン=イスラーム革命の波及を恐れたアラブ諸国やアメリカがイラクを支援し，1980年にイラン=イラク戦争がおこりました。

年代	できごと
～1970年代	第1次～第4次中東戦争
1980～88年	イラン=イラク戦争 （イラクがイランに侵攻）
1991年	湾岸戦争 （多国籍軍がイラクを攻撃）
2001年	同時多発テロ
2003年	イラク戦争 （米英軍がイラクを攻撃）

🌑1993年，イスラエルとパレスチナ解放機構（PLO）が パ

レスチナ暫定自治協定

を結び，パレスチナで
は自治が始まりました。
しかし，その後もイス
ラエルが分離壁の建
設を進めたことなどか
ら，現在でも和平は
実現していません。

🌙イラクのクウェート侵攻から1991年に 湾岸戦争 がおこり，

アメリカ中心の多国籍軍
がイラクを破りました。
2001年， 同時多発テロ
がおこるとアメリカは「対
テロ戦争」を宣言してア
フガニスタンを攻撃，その
後 イラク戦争 をおこしま
した。

ブッシュ
大統領

同時多発テロをおこしたのは，
アフガニスタンのターリバーン
政権が保護する組織だ！

🌑ユーゴスラヴィア解体，パレスチナでは協定後も対立
🌙中東ではイラン＝イラク戦争→湾岸戦争→2001年の同時多
発テロを契機に対テロ戦争

冷戦後の世界

★ 今夜おぼえること

✿✿ ⓟ合わせ 行く国はカンボジア。国連平和
維持活動（PKO）協力法制定
1 9 92

国連平和維持活動
（PKO）協力法成立後，
自衛隊の初の派遣はカ
ンボジアでの平和維持
活動でした。

▶道路工事にたずさわる
自衛隊員

🌙 ⓟ合わせ 支持率低く惨敗の自民党，8党派
の連立政権成立で55年体制終わる
1993

1993年の総選挙で，自
民党の衆議院での議席が
過半数を割りこみ，共産
党を除く非自民8党派に
よる連立政権が誕生しま
した。これにより55年体
制は崩壊しました。

日本新党

新党さきがけ
新生党
社会民主連合
日本社会党
公明党
民社党
民主改革連合

ほそかわもりひろ
細川護熙

✿ 1992 年にPKO協力法が成立して以降、世界各地に自衛隊が派遣されました。国内でも阪神・淡路大震災や東日本大震災などの災害時に派遣されています。

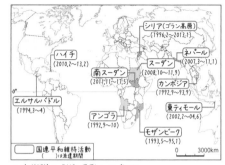

シリア (ゴラン高原)
(1996.2～2013.1)

ハイチ
(2010.2～13.2)

ネパール
(2007.3～11.1)

スーダン
(2008.10～11.9)

南スーダン
(2011.11～17.5)

カンボジア
(1992.9～93.9)

エルサルバドル
(1994.3～4)

アンゴラ
(1992.9～10)

東ティモール
(2002.2～04.6)

モザンビーク
(1993.5～95.1)

☐ 国連平和維持活動
（ ）は派遣期間

3000km

▲自衛隊のPKO活動への参加

☾ 連立政権の細川内閣は短命に終わり、その後はバブル経済の崩壊をうけて 平成不況 が続きました。2009年には民主党を中心とする政権に交代しましたが、政権は安定せず、その後は自民党と公明党の連立政権が誕生しました。

現在は、憲法第9条などの憲法改正が政治の争点の一つとなっているよ。

💤 寝る前にもう一度

✿ 行く国（1992年）はカンボジア。国連平和維持活動（PKO）協力法制定

☾ 支持率低く惨（1993年）敗の自民党，8党派の連立政権成立で55年体制終わる

★ 今夜おぼえること

❀ICT革命がグローバル化を加速，リーマン＝ショックから世界同時不況

1990年代半ばからパソコンを用いたインターネットが普及し，ICT（情報通信技術）革命がおこりました。

インターネット普及率

☽グローバル化に対して排外主義やポピュリズムの台頭

グローバル化が進展する中，自国や自民族を中心に考える排外主義やポピュリズムが台頭，移民の排斥や，保護主義的な経済政策を掲げる政党が各国で台頭しました。

移民反対！　自国第一！！　エリートは敵！！

😊 ヒト・モノ・カネ・情報が国境を越えて往来し，世界が一体化するグローバル化が進展しました。経済のグローバル化は国家の管理能力を弱め，リーマン＝ショックによる 世界同時不況 も発生しました。

🌙 エネルギー，環境保全，人権侵害など，世界の諸問題を解決するため，国連は2015年に「 持続可能な開発目標（SDGs） 」を採択しました。国家だけではなく，非政府組織（NGO）や非営利団体（NPO）も活動の幅を広げています。

SUSTAINABLE DEVELOPMENT GOALS

- - - 😴 寝る前にもう一度 - - -

😊 ICT革命がグローバル化を加速，リーマン＝ショックから世界同時不況

🌙 グローバル化に対して排外主義やポピュリズムの台頭

巻末資料

覚えておくと便利な国名の略記号と，
よく出る用語や政治体制をまとめたよ。

● 国名の略記号

米…アメリカ	蘭…オランダ	露…ロシア
英…イギリス	西…スペイン	印…インド
仏…フランス	墺…オーストリア	中…中国
独…ドイツ	普…プロイセン	韓…韓国
伊…イタリア	ソ…ソヴィエト連邦	日…日本

● よく出る用語解説

資本主義	生産手段や資金を所有する資本家が，労働者を雇い，利潤を目的に生産を行う経済のしくみ。
社会主義	資本主義を批判し，生産のもとになる土地や機械などを共有して，計画的な生産と平等な分配をめざす思想。
共産主義	社会主義をより徹底し，私有財産を否定して生産手段を共有することで，階級も国家も貨幣も存在しない社会をめざす思想。
同盟	共通の目的のために，互いに行動をともにすることを約束すること。国家間の場合，軍事的な結束を含むことが多い。

市民革命 （近代革命）	自由・平等の社会をめざし，商工業者などの市民が中心となって達成された社会の変革。
植民地	征服や開拓などにより領地に組み込まれ，政治権力を失い，他国（宗主国）の支配下に置かれた地域。
自由貿易	国家の介入を最小限にとどめ，関税などの制限をできるだけ排除して行う貿易。
金本位制	貨幣を金といつでも交換できることを約束し，貨幣の安定を図る制度。政府はそのための金を用意する必要がある。

● 政治体制の違い

君主政治　民主政治

専制君主政
君主（国王や皇帝）が権力をもち，思うままに政治を行う。

立憲君主政
憲法に基づいて，一定の制約を受けた君主が政治を行う。

共和政
国民が主権をもち，憲法や法律に基づいて政治を行う。

編集協力：余島編集事務所，中條健太，イマニシヒデキ

表紙・本文デザイン：山本光徳
本文イラスト：山本光徳，たむらかずみ，小島サエキチ，
　　　　　　　春原弥生，さとうさなえ
写真提供：写真そばに記載
DTP：株式会社明昌堂　データ管理コード：22-1772-0735（CC21）
図版：ゼム・スタジオ，株式会社明昌堂
※赤フィルターの材質は「PET」です。

寝る前5分 暗記ブック 高校歴史総合